Yr Amhortreadwy

A Phortreadau Eraill

Bobi Jones

Cyhoeddiadau Barddas
2009

Argraffiad Cyntaf: 2009

ISBN 978-1-906396-23-7

Cyhoeddwyd gyda chymorth ariannol Cyngor Llyfrau Cymru

Cyhoeddwyd gan Gyhoeddiadau Barddas
Argraffwyd yng Nghymru gan Wasg Dinefwr, Llandybïe

I

Beti

Gyda chusan oddi wrth f'ewyrth Ben

Cynnwys

Taith yr Awen: Perchen Cusan F'ewyrth Ben

Bydd sws f'ewyrth Ben yn fy nghofio i.
Bu'n mwydo dros brynhawnau ar fy nghyfer
O'r tu ôl i ddresel. Dwi'n synhwyro'i sisial
Ar y ffender. Fan yna byddwn i fel cleren
Bitw gynt pan ddôi'i ewyrthdra gwlithlys
I'm cwmpasu'n ail i ddafnau safn ei fuwch
Yng nghongl y beudy a lafoerai megis beiston
A slobrai dros ddec y *Titanig* ac a dreiai oddi
Arni i lawr ei hesgeiriau gwyn – i'm dychryn â'i
Dreflan a'm dala'n wlithen.
                                        Felly nid fel
Rhai meddyliau sy'n picio i'r ymennydd
Ac yna'n ei sgrialu fel pluen eira unnos
A welwn i uwchben yr ardd drws nesaf,
Eithr megis pob dafn taclus arall o blentyndod
Sy'n aros mwyach yn gyfaill dros ganrifoedd.

Roedd ei gusan ar y pryd yn ddigon i alw 'chi' arno
Er yn llai nag ergyd magnel ar gychwyn rhyfel.
Roedd yn domen o gyswllt gludiog na fedrai sychu
Wedi bod yn barus-lercian am rai hydoedd
Ym mhrifysgol ei daflod wrthi'n astudio eigioneg
Neu'n tin-droi y tu ôl i friwsion pwdin fel lleidr
Ben-pentan yn gwybod y dôi'n drech na'm bychander i.

Dwg ef i gof fy llun – fy neidra tila hwn
A ddaliai'r wal pan gripiai'r gweflau'n lled
Agos, yn ewythrdra gorwlyb – yn fwcedeidiau o wefus,
Llyswennod mewn canghennau, yn lleithach
Beth na chefnfor, yn fwy cerdded na thon,
Yn ddi-ball o byllau tal hedegog Ben, dros ben
Llestri, a finnau'n gonyn-ar-flaen-ei-anadl,
Tan argoeli y tynnai yntau ryw ben i ben.

Ond 'ddôi Ben byth i ben. Ennyd mi erys
I'm rhuo i o dan obennydd, i'm gwarchod i'n glwt
Gwlyb ar y glôb, a finnau'r pryd hynny'n bymtheg
Oed o grinllys welw: yn gusan nad ymadawai
Pan na bysai'r bydysawd byth ar ei bwys ef mwy.

A minnau'n bedwar ugain o aeafau o bell,
Bellach mae'r cus gennyf yn gorlifo'n ddiogel
Mewn tùn neu ddau . . . yn dynn ar waelod yr ardd
Ar bwys y sied yn afrad ias, os yn ofer o dynn . . .
'Ond does gen ti ddim ewyrth Ben . . . Pam felly sgwennu?
Pa weddustra Ars Poetica awenu hen? Sut offer
Taro yw'r esgyrn hyn ar lwyfan whingil?'
Dim; ond mai ef ei hun oedd Taf y llysnafedd
Cyntefig yno yr ymlusgais ohono mewn cell
O gromosomau a DNA mor fusgrell glyd
Gan garthu blinder-mawr-heb-fedru-cysgu
A'r cyfrifoldeb wedi disgyn ar fwch-gafr efrydd
Ar ran gwaddol gofer ofer f'ewyrth Ben.

Portread o Ddawnswreg Sbaenaidd

Tor-nada'i breichiau allan o'r trawst goleuni. Allan o siafft llun
ei chorff tor-grycha'i stumogau.
Nadredd a nada
gastanedau'r trobwll meddw uwchben.
Pistylla hon i fyny
allan o belydryn fertigol
i stampio'i thraed a'i phen.
Y lluosrwydd coch yw hon. Ond ble ar y ddaear aeth yr un?

Diflaniad yw'n rhydio ffrydiau o ffrog a'r croen yn drofyd
fflamingiaid 'lan
yn chwyrligwgan bysedd
uchod drwy'i gwallt
yn llifo fesul rhan.
Ymddatod y mae'i sgwd hi
a'i thraed yn methu â dallt
pam, er morthwylio, y mae'u llawer yn peidio â llamu ynghyd.

Berwa'r dyfroedd goelcerthi ystrydebol o sgert. Mewn camre
mae'i fflamau drwy simnai'i chnawd
uchel yn codi stêm
fel derfis â'i gleddyf
yn gwanu ei thanllwyth o esgyrn.
Dim ond hylifiad yw o'r corn lluosog.
Felly, yn ei gwasgariad o gyrff di-rif,
a sianelir hi byth drachefn i hel ei sodlau at ei gilydd yn ddelta?

O! gwneir: ynom y stampia, cyd-walpia yn nefodaeth a rocedi'i philyn
Sgarlad, er na orffwysa am ennyd ynom
ei phaent sgarlad disgwyliedig
o droellwr wybren.
Dreigiau cyfarwydd yw'n wasgfa yn ein twnnel.
Ac, ynom, tornado confensiynol Lladin
yw'i lludw cymen yn y diwedd
o fewn cof ein stumogau lle yr ymgartrefa'n gyfanswm o lun.

Portread o Ŵr y Maddeuwyd Iddo

Maddeuai hi o'r galon. Bu'n
goflaid ei maddau.
A thoredig ef,
toredig fydd. Drylliwyd y dyn.

Hi a'i canfu ef yn angen i gyd.
Fe'i canfu'n wag;
a'i hestyn hi ato
tan gyfri'i fost yn goferu'i fyd.

Disgynnai'i sill maddeuant gwaed
yn olchfa drosto,
gudynnau, dagrau,
anadl, tafodiaith llawer o draed.

Fe'i canfu hi: cadd ddawn i fywhau.
Maddau carlamus
ffrydiach na dŵr,
rhy brydferth oedd i'r hagr barhau.

Celwydd yw'r Diawl; celwydd yw dyn,
celwydd ei serch.
Gwyrth yw merch
yn medru caru Celwydd ei hun.

Portread o Ŵr Gordew Mwyn

Crwydri drwy dy gorff, tan herwa awyr iach,
lond hers o gyfaill coll. Lle na elli rodio byth,
yno yr wyt ti'n tyngu y cerddi filltiroedd eto
drwy chwythdod. Megis cripian yng ngŵydd yr Wyddfa,
dringi anadl dy frasterau, a ninnau oll,
dy ffrindiau, 'n wylo ffarwél wrth dy wylied
yn cilio drwy fraster wedi braster, blygion
bron wedi methu â phlygu amdanat mwyach
wrth fethu â gweld, uwchben ei gilydd, gâr.

Yn iach! Collaist dy ffordd wrth draphalfalu
drwy ddrysfa dwf dy ddail. Meddiennaist ti
Gymru, poblogaist ti bob cwr, ffodd gofod
rhagot, nid oes un lle na roes y gorau iddi.
Gadawyd – beth? – diriogaeth a anwylem mwy
mor rhwydd ei thaeogrwydd ag a ymhyfrydai
gynt mewn colli hanfod, ie, i beidio â bod
ond yn amlen gyfrin dynn am dy aer dy hun.

Mor wâr wyt ti, ac eto bob erw'n fôr gwyllt,
longaid o farw sy'n suddo i waered dy saim
a'th siom tan gludo dy glefyd siwgr sy'n melysu
dy gil. Hen gragen o borth i borth, rwyt wedi
dy stwffio â'th fethiant cynhenid i beidio â gwrthod
un gacen fechan arall i'th ddenu o dan dir sych.
Er mwyn bodloni awydd waliau'r howld, fe gaiff
dy groen di naill ai'r cyfle sydd i suddo
neu beidio â suddo. A'th dipyn llwyddiant? Methiant
i beidio â gwrthod yr hyn sy yma'n rhwymedig
i'th rwymo wedyn mewn andros o borthladd dwfn,
morfil ar herw yn canu o dan ferw'r dŵr.

Ond bwyti dy ffrindiau, bob olaf wan jac ohonom,
diflanna'n calonnau i'th lwnc. Cleddi'n herfyniad ni

â'r selsig. Ffrwydrwn o fewn dy berson ffradach.
Ysgarthion fyddwn; a'th sbarion heddiw i'r cŵn
ar y ffridd wrth droed y mynydd . . . O! Fynyddog,
cyfarthwn i glywed ein heco: codwn sbïenddrych:
mor felys megis marw yw'r cariád-ddyn pell
sy lond dy wythiennau, tan gelu y tu ôl i'th goludd,
y mwynder sy'n dy dreisio. Ond yr hyn na elli
acw ei wrthod sy'n dy wrthod di a ni – dy or-fodolaeth.

Ymuni felly â'r myned mwyn. A ninnau'n blwm
o doddion dagrau, yn erfyn arnat am ymateb call.
Tyrd allan, chwant, gad ei iasau gwasaidd ar ôl,
dadleua â'r crwt i beidio â chlustfeinio arnat,
yn fethiant i breswylio yn unman ond mewn burgyn
lle na phreswylia neb gwaeth na'n hanwylyn hwyl.
Gu alltud rhag y prydweddol, dest i'r casgliad
y byddai ychwanegu owns atat ti yn hel
anwyldeb pellach. Yn awr mi gronnaist fronnau
na allai'r uncnawd nawsio eu hanwesu heno sbo.

Ti a'th ddyweddi, gig, porthi dy wyn-dy-fyd
â'n colled enbyd. Myn dy fforio ein hysbeilio
pan dyrchi am chwa o anadl, am ennyd o fyw.
Cymeraist yn wanwyn wenwyn, daeth dy awr
(tydi! ganibaliad dy gyfeillion) iti'n sglaffio
i'th bridd dy hun, yn brudd. Y pridd yw'r hyn
a boblogir mwyach gan fwyn lofruddiaeth faeth
y mwynwr na chyll yr un owns pan gloddia i'w ddwfn.

Canu Serch Hen Ystyllen

1.

WRTH ARNOFIO HEIBIO I'R GARIADFERCH A CHODI LLAW

Bu heini y bae ohonot.
Ond ar fordaith o gylch d'arfordir
mae'r heli'n morheulo
heno. Huna'i hynafieitheg yn afiaith dysg
dy dasgion.

Afiaith dilediaith yw d'oleudy:
y tu ôl – dy dywyn;
y tu blaen – fi, a'th dywynnu
drwy'r halen wedi dy rolio
o gei i gei yn garc.

Yn dy li, gad imi angori'n ing-eiriol
ac ymweled am wyliau â miloedd
o gaeau gaeaf. Dy lannau
a'm dilynodd. Gad imi gadw rhin
y llun hwn, mewn llanw

ar fy llygaid, yn enaid unnos
bob nos sy'n fap-hapus,
a'th erydu fesul sir yn siriol . . .
Digio ni raid, canys digon yw
d'eigion i'm bodd i, – ac i'm boddi.

2.

PORTREAD O DERFYSGWRAIG

Heb dwrf y dôi'r derfysgwraig. Ond cyrhaeddai'n
dorf o garedigrwydd o'r tu draw i'r gorwel

ymhell o'r golwg: ddisgwyliwn i
ddim hunanladdwraig

yn gyrru i mewn tan fwrstio o serch
amhosibl. Nid yn unig y tu hwnt i synnwyr,

ond y tu hwnt i syberwyd gwallgofrwydd
ac yn hyrddio tamaid o'i hymostwng

niwclear yn fy nghôl, ac wedyn
fy ngwasanaethu fel blac, yr un

sy'n mynnu caru gormod. Tyst terfynol –
wrth iddi ffrwydro'n gynhaeaf cofleidio

a chyn diflannu mewn anhunan – na raid
synnu nad oes 'synnwyr ym mhopeth.'

3.

EIDDIG

Fy nghystadleuydd heddiw ydyw'r Haul,
neb llai: mi wyddwn i ers tro fy maint.
Ond pan ddaeth galwad hwn, hi aeth yn syth
a cholli'i synnwyr arno. Cefais haint
wrth weld ei chefn. Erfyniwn i dros glip
y bysai Meilord yr Haul yn mynd am dro
i dwll cwningen neu i rywle, yn lle dod

i wincian â'i wasgod felen hyd y fro
a thynnu'r sylw. Ffei! Paid â chredu'r boi.
Llawer yw cyw mewn llaw sy'n barod i'r llwyn.
Ac yn ei gwely heno, nid yr Haul
a dwyma ei thraed, ond cystadleuydd mwyn.
Cofia di, Haul: eiddigedd yw'r gymynrodd
a bair i'r fflam, a fyn bobi'r bara, ddiffodd.

4.

YR AMSER A GANIATÄWYD

Tu draw i angerdd ceir tawelychau tal:
hebddynt ni byddai dau'n briodedig odiaeth,
ni byddai'r cariad dwyfol yn gartrefol
rhyngom, nac amser caredigrwydd gwely.

Yn d'anadl di mi saif bodlonrwydd cyhyrog;
yn d'edrych di, diddanwch; yn d'areuledd –
a hyn yw eithafrwydd anneidiadwy nwyd –
yr araf amser, y lindys yn dy galon;

a'r gyfeilles loer, mae hon yn hurt dy fod
mor drech ddychmygedig ag y gallai bwyd
fy miwsig dy rwydo, a finnau yn fy mad
mor hwyr, hwnt i'r amser a ganiatäwyd.

Cerrig Gwynion

Daeth yn bryd imi bellach
Arddangos cerrig gwynion y gaeaf.
Rhai bach yw'r rheini a blennir yn dystiolaeth dila i'n gwlad.
Y rhain sy'n chwerthin yn arbennig
Pan fo'r byd yn adfyd, gan lenwi
Blaen y geg â gygau smala y rhai a etifeddodd orfodaeth cad.

Wrth inni fynd yn hŷn
Mae eu harthio-chwerthin nhw'n amlhau
Am y cariad claf sy'n clwydo'n braf yn nheras ein pen.
Ac mae hyn rywfodd yn mwyhau
Ein chwithig ddifrifoldebau
Rhag bod yn ofnus pan â'r goedwig yn ddi-ddail o ddu-len.

Y cerrig gwynion a heuwn
I'n hatgoffa yn llwybr drwy'r frwydr
Fod gwyndra'n bosib, fod pethau mân a gadwn mewn ceg
Fel wyau mewn tywyllwch, fel plu
Eira sy'n dadmer yn llai na dim,
Yn gallu cracio plisgyn, ac esgyn, ymwrthod â thomennydd rheg.

Tuag at oed yr awn mewn coedwig
Tan rolio chwerthin hyd y llwybr: –
Peth braidd ar goll oni bai i'n holl gerrig gwirion gwynion
Olrhain trywydd y tywydd i'n traed.
Ond ni ryddheid mo'r corn-gwddw
Ac âi'n taflodau serth yn ddibyn oni bai am eu chwerthin llon.

Hwy a arwydda'r trywydd a drewir yn wên.
Hwy'r fyddin fechan sy'n mynd
Hyd-ddo ar sgawt, gan wybod y byddwn yn orfoleddus bendant.
Hwy gyda ni yw'r bychander mwys
A'r gwynder addawol a'r gweddus gywilydd;
Felly, rhaid dilyn, a'r bradwyr yn ein brwydr, y llwybr a ddengys dant.

Heb garreg wen wedi carreg wen, ni welem y lôn.
Ni wasgarem eu chwerthin cannaid
Ledled trennydd (a thradwy). Daw eto'n flwyddyn ffres go ddi-nod
(Meddant) i fflawntio'n rhialtwch
Gyda'n diolch am beidio â chilio.
A dirwynwn eu hôl yn ôl i'r Graig Wen y'u pliciwyd nhw o'i bod.

Er na cheir llawenydd calon, ceir
Llawenydd genau. Wedi'n hysgwyd
Gan alarau igian, adeiladwn ein tŷ â'r union gerrig had
Hyn, a pharhau i ymatal rhag eu lluchio
At y baster a fyn bwyso. Yn wyneb galar
Goleuwn y geg â miri bythol y rhai a etifeddodd goegi ein gwlad.

Pren Afalau'n Rhygnu Arni

Sglodyn o'n gwlad, eto byth, yn hen o syfrdan
Yn methu â chredu'i fod yn gallu bod:
Yn euog, eto, gwyddoch
                    sut mae'n gallu teimlo,
Yn syn gan gyflychwyr, yn wyn dan estyll rhod.

A'r tu hwnt i'w fod, tan wybod bodoli arall,
'Metha hwn â chredu ei lygaid' sy lond ei ben.
Pwy yn ein gloddest llygredd
                    a haedda wanwyn arall
Tan berfformio litwrgi poen i anrhydeddu pren?

Fel-petaent-yn-ymddiheuro-inni 'wna'r gwelwder blodau
Am eu bod nhw'n hyderu'u bod nhw'n cuddio'r crap
Dan y tipyn esgyn gwenfflam
                    yn barod i'w hwybrennu
Fel pe na bai ond gorffwylledd yn llywodraethu'u map.

A daeth Amser drwyddi eto, er inni warafun
Ei unigrwydd ef, wrth i egino geisio bod yn dduw.
Yn lle llofftydd gwag haf a gaeaf,
                    rhyw andras o wanwyn
A waedodd yn wyn ar draws tywyllwch y criw.

Am egwyl daeth drachefnrwydd i gannu'r gwagle
Erioed, a'r gwag sy'n sicr braidd eto o ddod.
Ond hyn a dyngaf,
                    am untro yn y bydysawd
Cuddiwyd y goeden rhag anufudd-dod, a gwyddwn fod,

Weithiau, bren afalau'n gallu hebrwng sglodyn o gariad
Nas amgyffredwyd ac na allwn synied ei fod ar daro.
Weithiau y mae'n rhoi gollyngdod
ar yr amod ein bod yn ei dderbyn,
A hynny er mwyn rhoi terfyn ar wiriondeb Marw.

Ac felly, er estyn ei afal anghred drwy bertrwydd y drefn
Yn erbyn pob synnwyr bywyd, eto am dro drwy'r sen,
O'r newydd, yn erbyn
holl uffernau arferoldeb,
Un tro'n ddigon eto taenwyd drosom fwy na phren.

Llamhidydd a'i Gynulleidfa

I

Weithiau, mae'n bod,
        mae'n ei luchio'i hunan
        i'r fei – 'dim diolch' –
o'r holl-guddfaol fôr,

lluchia ei bwyll
        i'n mymryn bydysawd
        sy'n arfer ei wacter
yn ddyfnach ach na'r dwfn.

Ychydig o dro sy
        i'w 'allu digwydd'
        â'i weflau'n wobor
wlyb yn wib dros haul:

neidr yw'i naid
        o'r lasnen i'n pigo,
        brathasai'i roced yr awyr
a gwegil swil ein gwag.

Deffro yw'i ymestyn
        i gyflwyno'i wala:
        wele serfio o'i drysorfa –
ceidwad dychymyg-dŵr.

II

Ymwelydd yw â'r anwel:
        ffug breswylydd mewn 'nid yw'.
        Gwasgwn aeliau ar ffenest
inni ddal ei ddim-ond gorff.

Mentra-ef i'r aer
 â'i lam er mwyn moment
 bresenoli i'n dyrchafu
oddi tan grafu'r lli.

Rhed ef am dro
 i fyny'n grisiau,
 bloeddia'n ddi-sŵn
heb ein dringo ni'n llawn.

Cawod ddisyfyd
 a anadlwn heb ryfeddod;
 ni'n dihunir ond i jôc
wyrthiol wrthol o'r het.

Wedi'n sylweddoli
 ni'n fusneswyr rhyfygus,
 hyrddia'i unigrwydd 'nôl
megis gair go oer.

III

Clwt o ffenest ruthr
 sy'n ffrwd nawr o'i sillafau,
 a honno'n taflunio'i
ddirmyg allblyg i'n gweld.

Ni fu namyn llam
 sy'n anadlu. Corwyntiai
 i anadlu mewn dim. Eto
bu yma heno yn llond

llwnc rhugl o arogl-darth
 yr adfywio cwta
 yn fellt dros ein llygaid:
corffaid atgyfodi fu.

A chipdrem a chwipiodd
ar rodfa'r môr arnom,
yntau'n ddogmatig
nad aros fysai'n iawn.

Drwy gis-droi'i gystrawen,
byw cwta oedd o lam:
rheitiach mwy sgythru'n ôl
i drwch moesgarwch dŵr.

IV

Oen rhwydi fu'n prancio'n
swancio-gampio yn ei gae,
fel haul am gael
un cof cyn anfod

rhwng y bylchau ton
ar frigau'r gorwel,
cyn dowcio'n drugarog
ar ôl trio sbio drachefn.

Chwiliai'i drem, ciliai'r nen,
gwelwai'r llen ar retina,
nid oes ôl yno mwyach;
a diflaniad glanwedd yw.

Llithrad o absenoldeb
yw lloeren lefn cylchdro,
a'i gosodiad creulon
nas mynnwn yw'r ymddiddan mwy.

Cysgod swrth yw o ymwrthod.
Syllodd arnom heb rannu'r
rhiniaeth . . . Onid i yngan hyn
yr unswydd grychneidiasai?

Cydgartrefwyr

I

Dau gartref a god'som yn ein meidrolfyd,
dau dŷ artiffisial, sef Amser a Lle,
drwy fesur a phlicio o fewn y difesur
tan wrthod gau aelwyd y gwagle.

Ond tragwyddolfyd hefyd 'gododd gartref
ei hunan drwy frigdorri bron a phen
yn ein tipyn tic tenau, tra maluriai dau gydiol
eu llwch heb drwch yn yr wybren.

II

Mae gennyt ti dy ofod:
Yr un yw â'm gofod innau.
Mae gennyt ti eto d'amser,
Fy amser brau.

(Ond pan chwanta deuddyn am 'ofod'
Bob un ar wahân, mi glywaf
Rincial y gwaed dros gerrig,
A'r plant yn glaf

Yn eu gwely'n ubain liw seren
A'r dagrau heb ddigon o ofod
I'w llyncu. A'u llyncau'n igian
Heb na gwneud na bod.)

Drwy Ras, buost ti ynof finnau,
A fi dros oes ynot tithau;
A'n gofod 'run fraint a ffunud,
Er i hwnnw wau,

Cyhyd ag amser, ofidiau
Ar led hyd ofodau eto,
Ddwy natur yn ddiolch i bresen
Y Person 'wnaeth go';

Y Person a fu hyd ein sodlau
Yn gwmni annarfodadwy
A rhadlon o anfesuradwy
Lle na raid gofod mwy.

III

Beth a ddaw o'n hesgyrn
briw a'n hewinedd brau
wrth i'r cogau ddychwelyd
mor glau â'u cân mor glyd?
Yn ifanc, araf yn dyfod
â'u nod oedd ein dyfodol,
a'n gorffennol a garai ffynnu'n
chwim fel pe na baem ddim byd.

Yn hen, yr ydym yn ddiau
wedi'n cau o'r ddeutu'n ddiddig
â'n heiliadau wedi ymgulhau'n
nyth o fewn cloc tad-cu.
Eto, triga pob un gwcw
mewn tŷ gwydr o gloc. A pheryg
iddynt hwy daflu'i hoes at wydr:
ffenest grac ein presennol cu.

Metha'r cogau cegin â chanu
am y gwir ofod sydd i ddyfod,
yr amser arall nad yw'n cyfrif
aelodau cloc ar wib o'r crud.

Di-fod yw pob dyfodol
ond un, sydd yma byth-bythoedd
yn ofod tu hwnt i amser
ac yn beth wmbredd ei hyd.

A hwn a ddeil i gyfrif heno
diciadau dwygalon heb rif.
Yr unig ddewis yw croesawu'r
cogau cynnar; ond rhown ein bryd
ar gw-hwian fel colomennod
tan alw drwy'r gwydr-ddrylliau ar lif
diamser Gwneuthurwr y cloc od
a erys yma ym mhryderon ein pryd.

Gorhoffedd y Prydydd Dryglawn

I

Dwi'n deall popeth bron y mae angen 'ddeall:
Brenin sy'n rhoi a rhoi i'r sawl sy'n brin,
Y tlawd sy'n pwnio a'r Brawd sy'n agor iddo
I'r anchwiliadwy ryfedd ddüwch gwyn.

Dwi ddim yn deall, ond diau'n deall ddigon
Ddirgelrwydd yr anfeidrol. Rheswm a Chlod
Sy'n cwrdd yn glir mewn amser ac mewn gofod,
Yn annirnadwy Fyw. Sut gall hyn fod?

Wel! Gweld Dy roi di 'wna-i, gweld grasusau,
A hyn a'th ddengys hyd yn oed i mi
A'm meddwl mini, Dy weld di yno'n rhoddi
Dy gorff yn lle fy mhopeth pitw i.

Cudd oedd fy mhechod, cudd Dy harddwch Dithau
Ynghyd dan drwch broliadau meddwl mân:
Y Barnwr gweddaidd a'i Gyfiawnder mawrbur
Yn Ddirgel-gâr sy, O'r Eglurwr glân.

II

Yn gul gan wir, yn fyw gan foes yn wan:
Dim ond pechaduriaid a gymer. Felly fi
A'm câr, yn haf-ein-byd o wybod i
Waelod ein sgidiau nad oes dim un rhan

O werth tragwyddoldeb gennym ni i'w roi
Yn dâl, ddim eiliad glendid heblaw'r Gŵr
Â'i ofnadwy gariad goruwchfaddeuol bur.
Llanwn o'i herwydd ddarn o gymhwyster troi

Gofynnol, gan iddo anfon anadl yn ôl
Yn wylltineb edifeirwch. Yn niffyg-esgus fod
Plygwn i fwrw i'r llawr, yn glwt, ein clod
I'r Ef drwy drugaredd a wnaeth ein goglais, yn ffôl

Fel gwagle, i'w dywallt ei hunan mwy i'n tre
Heb ddim o'n hunain yn llercian yn unlle. Hwn!
Sydd yntau'n gwneud y cwbl. Mae'r nos yn grwn
O ofn mewn cornel, eithr yn gwybod yn iawn ei lle.

III

Bob amser ar waith, bob amser yn llonydd,
Bob amser yn eglurhad o'th Ogoniant mawr,
Bob amser mae'n amser ymostwng i'th Ysbryd:
Bob amser yn gorrach, yn gawr.

Gwarchoda ni, Arglwydd, rhag surder prysurdeb,
Llanwer ein noson â llawenydd dy ddydd,
Fel y caiff truan wrth weithio'n wan trwot
Ymorffwys yng ngwinllan Dy ffydd.

Dechreuad fydd darfod i'r sawl sy'n D'adnabod,
I'r sawl sy'n ymostwng i Grëwr sy'n lân
Gan ei gynnau yn gynnes, a'i fynnu i'w fynwes
Yn anwes byth iddo ar dân.

Bob amser, mae diffyg Dy amser di'n hyfryd,
A'r Un 'ddaeth i amser i'n gwneud ni yn rhydd
Sy'n puro wrth roi Ei ddiderfyn i bechwyr
Yn lle cyfri'r amser na fydd.

Rhannu Gofidiau

Bwgan yw doe
yn crwydro byth
drwy'i dŷ go au,
a'r trawstiau pleth
o fewn ei ben
yn ysigo beth.

Pe câi mewn gwae
un cwmni cyd
i rannu'r swae,
dôi un yn ddau
a guddiai'r byd
rhag bod fel mae.

Ochneidiai'n well
am wastraff 'fu,
am lynedd pell,
er dal i gael
ei ddoe tra du
a'i echdoe'n gell.

I lan o ris
i ris y dôi
â darn o dân
o'r doe sy'n is
yn fwg sy'n dod
yn uwch i roi'i
sawr hi mewn cân.

A rhodd yr Un
sy'n uno'r pâr
yn gyfan lawn
a gartha'n wâr
y parddu o lun
eu haelwyd pnawn.

A breuddwyd doe
ynghylch dau'n un
a ranna'u gwaed
i'w heddiw-rhoi
hi droi'n gytûn
eu trywydd traed.

Oherwydd dryll-
iau doe a wnaed
yn blethog we:
o'u caru clau
bu doe mor frau
cyn twymo'r lle

â dau a wêl
nad esgyrn sen
fu gwisgoedd doe.
Cânt gyd-wisg wen
er drylliog sêl
o'u traed i'w pen,

a'r gwresogi sbo
o'r dwylo hyn
yn ddagrau syn
sy'n dwlu'n dynn
ar feinwe Craig
fel dwylo sy'n cydwylo.

Yr 'Amhortreadwy'

(i)

Mae yna rai geiriau mor ddistaw
y maent fel petaent heb eu dwedyd,
fel nad oes modd byth eu hamgyffred.

Maent yn uwch na chydwybod.
Ac eto, am eu bod yn consurio'r gwir,
gyrrant y gwirion ar ei liniau.

Hwy fydd yn esbonio pam mae'n rhaid
i'r sillafau mewn afonydd gwrdd
â thalcen y crwydryn sychedig.

Ac ar y cyffyrddiad hwnnw, mi egyr
ei asennau'n amrannau syn, a gweled
yr hyn na ellir byth ei weled.

'Dim' yw un gair gennyf, a'i chwŷs
yn chwant gerbron y Gogoniant.
'Dim' yw'r aberth a ofynnwyd

gennyf i. Saf yn stond gerbron f'embaras.
Daw wedyn eiriau yn is na distaw
i sefyll ar ben fy nhomen yno i'm caru

fel y gair 'Gair'; . . . megis hyd yn oed 'ti'.

(ii)

Mi fûm yn portreadu pawb, mewn lle
ac amser, tan dwrian amdanyn nhw. A thasg
oedd honno i'm paratoi mewn trefn i hyn –
cael paentio cefn a gwar 'Amhortreadwy'.

Ac eto, Efô a gydiodd yn y brws
tan wyro sbo. Ac fel y disgrifiai dail,
pe medrent, siâp y gwynt pan fyrlymid drwyddynt,
felly y'm harluniodd, chwynnyn hen, y Storom
o Awel dirion 'drugarha wrth ddaear.

'Ble'r oet ti'n f'arwain, Awel, dwll o ddyn
a syrthiodd ynddo'i hun, a ysigai'n hollt
o hunan, a chwyrlïodd 'lawr heb waelod,
ond a wyddai unpeth? Darluniaist ti holl onglau
ei floneg blin. Ble'r oeddet ti'n ymgyrchu

a'i dynnu fesul cysgod? Gellid tyngu,
os dyled daear yw, y dylai'r fframwaith
fod yn bur fawlyd. Eto, y llinellau sy'n
olrhain i lawr fy nghefn yn olau heddiw,
a heddiw yw'i nod. Ond beth am y gwrthun a fydd

yn tynnu ato'i hun y gwybod anwel?
Beth am y lliw a grëir i'm dyfodol
gan wanc? Ni nodi ond tranc sy'n wybod triw
am Farn gan Berchen Awyr sy'n llercian drosom.'

Yna, o graffu'n groyw, mi ges yn groes
i'm disgwyl nad rhyw law fel dwylo eraill
'geid drosof, ac nad haeddiant diolch-i'r-drefn
chwaith, ond mai Fo ei hunan ydoedd hwn,
heb goegi confensiynol dros wefus a fu'n fy llunio.

Efô oedd y gogor y treiddiwn drwyddo draw.
Nid gofod oedd, nid persbectif tan frws nac wybren
las. Ond person dibortread am ben pob rhai
mewn cariad dierth, ar lun a delw chwyth, a'n holrheiniai
oll. Ysbryd oedd Ei le. Rhidyllai fesur gofod
ei strwythur amserol. Ond Nef o Fod oedd hwn.

Ti'n grai fu'n cuddio ynddynt hwy i gyd,
y creiriau diwerth, cardotwyr (a luniais) a'm lluniodd.
Nid disgwyl 'rŷm yn gyntaf baentio'r lluosog,
ond galwn am frws yn llaw yr Un a'n hanadla.

(iii)

Euogrwydd pêr a barodd hyn o boen –
gorfoledd gweld na welsai'r call erioed
fwy celfydd yn rhodio rhwng dau ddarn o groen,
yn lliw ysgyrion arnawf yn 'y ngwaed.

Euogrwydd amyneddgar, dyma ti
yn gwasgar staeniau fel rhyw ffermwr bras
sy'n gwanu had hyd y gwanwyn ynof i,
yn ymwybodol fod pob rhych yn lles.

Fe'u lluchiaist yn euog hyd fy nghalon siêd
gan felyn bwngan gwenith ac yn rhwym,
a chlymu'r cawn fel hoelion ar ddwy law led,
gledrau i'w tyfu ynof yn gydwybod dwym.

Buost farw, Gariad, (y sawl a ddwla ar wyn
a sylweddola ddu) wrth dy wyrddio ar frig.
Yna cochaist winwryf (a baentiwyd gardd fel hyn?).
Dôi hongian blagur wedyn yn ffrwyth o'th gig.

Naid, O! Euogrwydd dros fy nghlwyd i'r cae,
cymer dy le wrth gagl y defaid. Clyw
eu brefu buddugoliaeth liw, a chnoi
anaele eu hysbrydlonni porffor yn Nuw.

Naid bwdryn porffor, (neidiaf o'm gwddf a'm bol),
naid ato, paid â ffalsio, tyn Ef 'lawr.
Ac yn Ei luniad, mi ddeffröi i'r diddim fel
ysgythru chwynnyn gwaedlyd ar Ben pob awr.

(iv)

Yr Amhortreadwy'n Portreadu Sara

Sara mor hen, pan ddwedodd Duw,
  'mi gei di blentyn, ti!'
'chwarddodd, ond daeth yn wir. Cyn hir
  yn bur y chwarddodd hi . . .
Fi ar wahân i Dduw mor lân,
  addawodd Ef i mi
Geidwad. Mi ddôi Ei Fab i'm bron:
  yn drist arch-chwerddais i.

Sara mor sych, fel Mara'n grych
  'ffynnodd dan gawod Dduw.
Chwarddodd ei chalon dros y lle:
  roedd gair y Saer mor driw.
Cawododd Ef Ei fendith lif
  dros galon gelyn. Fi,
mor grimp o gras fy myd o'm mewn,
  am byth fe chwarddwn i.

Sara o sur oedd Mara lle
  y taflodd Moses bren
heb rinwedd ond bod hwnnw'n ddrych
  i Fab y nefoedd wen . . .
Pereiddiodd hwnnw ddeddf y dŵr:

O Fôr, pereiddia fi
ac impia fwy o'r nodd a wnaed
gan bren gwaed Calfari.

Yn un â'r ddeddf, yn groes i'm pen
amhendant troes ar Groes
Iesu'i farw'n llawenydd rhydd,
a'm heinioes friw'n ddi-loes.
Ef yw nwyfusrwydd nef y Gair:
fe sieryd afiaith byd.
Fy enaid chwardd fod Un mor hardd
a'm llefara ynddo o hyd.

(v)

Yr Amhortreadwy'n Portreadu Pawb

Faban oedran tragwyddolfyd;
Graig heb oesoedd, dduwdod-gnawd,
Dowch i weld ar hyd yr oriel
Rai a baentiwyd â'i win a'i flawd;

Saergnawdoliad gair addewid;
Bridd y ddaear 'naddodd nef;
Eni gwrthfarwolaeth; D'wysog
Pob cardotyn ysbryd-claf;

Adda ddrych a Duw'r-un-ffunud,
Air tu hwnt i ieithoedd byd,
Derbyn oriel o hunaniaeth,
Wedi'i phaentio dan Ei gred.

Frawd i'r di-dad, Dad amddifad,
Hen benteulu trosedd 'fu,
Hed ein hysbryd fry i'th freichiau
A'th wefusau lond ein plu.

Corff a regwyd ac a rwygid,
Cig o'r cwmwl, yn ei lun
Hed ein cyrff wedi'n hysbrydoedd
Fel y naid byddariaid yn gân.

Wythïen a'n paentiodd yno'n ddylif,
Fampirod, trochwn ni mewn trai,
Eigion gorff di-fefl, dihafal,
Ymhyfrydwn yn Ei glwy.

Ar Dy gynfas dodwyd ni'n ddelw.
Nef yw'r Stiwdio nawr i'n llun.
Llanwer ei gynteddau hawddgar.
Hongiwn drwyddo ar Enw hen.

(vi)

A bydd E byth yn ymadael:
O bellter nef faith
I baentio'i gariadon
Yr Iesu a ddaeth,
A thrugarog oedd Ei agor
I'r rhai 'wyrai'n daer.
Ni wyddai Ei gariad
Sut oedd bod yn oer,
Ddiymadael Dduwdod.

Wedi cydio mewn aradr
O frws, yn ddi-rith
I ddarlunio'n calonnau,
'Ymedy Ef byth.
Efô fydd ein cwmni
Fan dan draed a fan draw.
Bydd E byth yn ymadael
Â natur dyn-Dduw,
Ddiymadael Dduwdod.

Mae E'n gaeth wrth y gwir,
Wrth ryddid mae'n gaeth.
Nid byth yr ymedy,
Yr Iesu a ddaeth,
Ddiymadael Dduwdod.
Bob ffurf ar y ffordd,
Dros ddaear uwch nefoedd
Y cynnail Ei gwrdd,
A bydd E byth yn ymadael.

Portread o Radical Ôl-fodernaidd

Ym mhob mân 'fory daw dy ddoe di'n ôl.
Ceisi ddyfeisio'r heddiw hwn du chwith;
Ond ni chwaraei byth wahanol rôl.

Heb ddoe, ei ati i'w wisgo'n rigmarôl
Drwy actio'n ddierth. Gwisgi e'n fory brith:
Ond drwy bob heddiw daw dy ddoe yn ôl.

Mi wisgi ddrama'r diwn gron, gwisgi siôl
Nihiliaeth, a'th ddilladu dy hun yn rhith.
Ond ni chwaraei byth wahanol rôl.

O ddydd i ddydd er chwilio'r nos i nôl
Newid a erys, daw adleisiau i'th blith:
Ym mhob rhyw heddiw try dy ddoe di'n ôl

I ddodwy ei draddodiad yn dy gôl
Tan gyhoeddi yn dy glust hynafol lith
Fel na chwaraei byth wahanol rôl.

Gwahoddi wrthdrawiadau dyn a dôl
I rafio drosot. Gwrthryfeli byth
Â geirwedd heddiw: gyr dy ddoe di'n ôl.

Pendroni, a chynllwyni ar dy stôl
Pa ffordd yr ymwaheni cyn darfod chwyth;
Ystrydeb yw dy luosedd di o rôl.

A holi 'fory o hyd pa sut cei hôl
Heddiw heb ddoe. A daw dau ateb syth:
Wrth rwyfo yn dy flaen, wynebi yn d'ôl,
Yn syn fel hyn yr honni'r un wahanol rôl.

William Morgan 1588

(i)

Trwyn ar y maen tramgwydd
a wrthodwyd gan adeiladwyr
y canrifoedd Lladin. Llwdn
Wiliam yw'r gair a aberthir
yn y gell gyffes – dan gysgod
rhaeadr sychedus tudalennau –
yr ail-gyfeiriwyd ei dafnau
gan Oruwchnatur.

Trwyn ar y maen coffa,
y maen a dreigla ni fwsogla,
y bara a rowd yn lle carreg,
y bara a dorrwyd, garreg
galon 'ddrylliwyd, garreg
hogi draw a dreiglwyd
yn ei hôl, ac ni adawyd
carreg ar garreg, ar y graig
hon y'n hadeiladwyd,
Graig a heuwyd yng ngwythïen
Ysgrythur er ein mwyn.

Trwyn ar y Gair hwn 'fu'n taranu
wrth lawio sillau. Nos ar ôl nos,
fflangell a'u gyrrai oedd
Paul. Drwy ddifrawder
y Llan, Ioan, ar hyd
lonydd cefn erlid blin
a'u gyrrai drwy gariad
yn hŷn hŷn, hin ar ôl hin.

(ii)

'Cyn imi amgyffred dim
Bûm yn ymostwng;
A thrwy'r ymostwng hwn
Gwir fu'n fy ngollwng.

'Mostwng i sill, i'r Gair
'Droes oes yn rasusau;
A than Arglwyddiaeth Gloes
Bu'r Groes yn maddau.

Can clod i'r Un uwchben:
Hwn sy'n fy ennyn
I ddirnad ymostwng syn
Diléit-o-Dlotyn.'

(iii)

'Llwyn yn llosgi yw D'ysgrythur: aroglaf Ddwyfol ynddi hi.
Mae yna bair lle tardd y geiriau'n
Burwen iaith i'm berwi i.

Cyfyd gwreichion mwg d'adnodau: o'th gyfreithiau cyfyd fflam,
Hithau'n llamu am fy mynwes
Wrth gynhesu'r rheswm pam.

Perth a ddwedwyd sy'n fy ysu: yn ei lludw y'm caf fy hun,
Tyf ei dwygainc dros fy marwor,
'Estynna'i deffro dros bob hun.'

(iv)

‘Wnaiff dim o’r glust y tro:
Mae’n rhaid i’m henaid i
Glywed y rhu sy’n dod
O du y deyrnas fry,
Mae’n rhaid i’r aberth glir
A roddwyd ’nôl Ei drefn
Drwy ras gan f’Arglwydd glân
Dorri fy asgwrn cefn.

Fel dyn sy’n groes i ddyn,
Fel gwylaidd Frenin ’ddaeth
Yn Dduw cyffredin gnawd,
Yn hunan yma’n noeth,
Roedd corff fel bregus ŵr
Yn fedd i Ras am dro:
Ma’s cododd Gair o’i ladd
I fywio plant y gro.

Ac yn fy nghlust dwed lef
Gyfrinach calon hollt.
Codyma â Jacob gau
A dofi’r asyn gwyllt.
Geiriau sy’n fas a phrin
’Ddaw’n syn yng nghwymp y Sawl
A’m carodd i yn fwy
Nag a fyn unrhyw fawl.’

(v)

‘Lapiaf fy hun yn Ei Feibil:
Hyn sy’n Ei lapio Ef.
Dyma feddyliau’r terfyniad ’ddilladai stanc i’m Brenin braf.

Rhythaf yn nhân anadl geiriau
Sy’n briciau i’r Isaac ’ddaw.
Cloddiaf yn nhanllwyth f’Anwylyd, chwarel fy Mrenin briw.

Mewn cerbyd o sillafau llosgedig
Mae'r Deyrnas yn gwneud ei thaith.
Marchoga'r Gair hwn ar ffaglau o'm bys i'm bawd yn goeth.

Er na welwn ar ddaear gorff Iesu,
Mewn drych mae i'w weld yn fân
Drwy'i fflamau. Cawn brofi'u tafodau nes cusanu'i Fodolaeth ei hun.'

(vi)

'Bûm yn crwydro, ac yn brwydro
rhag i'w Air fy nala i.
Drwy sillafau y'm corlannai
i, gan ffras o'm Beibil ffri.

Toc, mi fynnai ac enynnai
y Gair hwn fy serch yn draidd.
I fêr pigai, "Fi yw'r Bugail,
mi gei dithau ddod i'r praidd."

Yn gariadus, Ei ewyllys
a gyfieithai f'ewyllys i.
"Cymer, Dduwdod, rho Dy glustnod
ar bob pechod", oedd fy nghri.

Gair fy lles i, galwad Iesu
'droswyd yn oenig ar y Pren –
Croes i'm gwreiddiol fydd fy eiriol:
o'm cyfieithu'n bêr Amen.'

Cant y Cant

Mae cyfrif cant y cant
yn dweud y cwbl. Fe'i ceir
mewn gwyddor, mewn priodas,
mewn bedd, ac yn yr amod
i ymuno â theulu'r nef.
Nid â neb yno am lai
o lân na chant y cant.

O'r herwydd, cant y cant
yw dirdyniadau Duw.
Y briw ym mhechod Mab
a fu'n ddibechod sanct
a'i lw yn ing drwy lais
a'r trais ar dalcen triw,
yn ddarfod, imi'n Llyw
sy'n gant y cant.

Cymer fi gant y cant
heb adael gwich ar ôl.
Cuddia bob chwys a chwant,
pob llygad, dant a cheg
â'th raid. Cofia fy llaid.
Cofleidia fi yn dy glwyf
nes canwyf am byth
lle bwyf, gant y cant.

Mor siŵr y sawl a fawdd
yn dy ddŵr di gant y cant.
Mi ddisycheda dy fawl
ar wefus, a'm tafod tant
amdanat ti'n anturio –
dan ddyfroedd nant o genllif
gwynlliw o donnau, – sisial
y cant y cant.

'Rŷm ni yma o hyd', myntai'r Haul

Rhan I

Yng nghod anwybod nos
y disgwylia golau.
A phob bore rwyf yn synnu
bod ganddo o hyd wefusau.
'Rŷm ni yma o hyd,' myntai'r peth yn ofnog.

cusanu gwallt

(i)

Mae 'na hewl o foreau
sy'n hala ofn arna-i.
Cerfiwyd gwefusau hwn
yng ngweilgi dy wallt. 'Faint
o wawriau a fu'n swmera
yng ngardd dy glustiau, –
plantos wedi rhoi benthyg
bysedd eu traed petalog –
cyn i ecstasi ddilyn
holl laswellt bae Ceredigion
i ledu eto danat feillion ewyn
Olwen olau?'

Bûm yn cyfrif eu sillafau del
a'u celu yng nghist
fy nghysgod.
Eisteddem gyda'n gilydd
o flaen ein hatgofion
a thwymo'n sodlau ar ei gilydd.

Pum munud oedd hyd
        y canrifoedd hyn pryd y buom
yn syfrdanu'n gilydd braidd
        â mwyn wallt yr oriau mân,
ond gwyddem edafedd y gwawn gwyllt
        bump o'r gloch
mewn edafedd drosodd a thanodd sy'n gwlwm Celtaidd,
        (a Chymru oll
fel pe na bai dim yn digwydd).

(ii)

Mae 'na rai boreau sydd dros ben
        ein llestri ni. Eisteddant
ar dy gorun a thasgu a throchi
        eu traed yn eu tywallt newydd:
roeddem ni'n dorf yno eisoes,
        ond datganai'r orig wen:
'Gwell imi roi cynnig arall
        i'r cwcwallt coll archolledig.'
Ac allan o'r hwyrnos, allan
        y bwriai'r bore.
Disgwyliwn, a dôi
        e'n forgrugyn cloff drachefn
at y ddaear hysbys
        â'r wenithen hirben hallt hon
yn arddangosfa o rodd trugaredd
        wrth inni ddisgwyl
beth 'wnelai'r briodas eirias â'r bore hwn.

Rhan II

persawru mynwes

(i)

Ac er y straen, wawr, rwyt ti'n bur gyfarwydd
â bod yn wawr. Aeth hi'n
hen arferiad afrad gan dy fynwes:
        arwydd ardderchog yw hyn
        o rywbeth mwy. Mae'r dydd ar adain
        yn ddydd er anrhydedd
        a rydd ei llaeth i'n cynnal ni,
a dweud y gwir (unwaith yn y pedwar amser).

Canys allan o anwybod nos y bwria'r bore.
A gŵyr beth i'w wneud â'r wenithen hallt.
Hon sy'n bygwth y 'bore da' a fu'n disgwyl am ein doe
a hyn yw'r gwyliau ohono, fy mun,
a gasglwyd i ddisychedu'r tipyn strach newydd.
Ar liniau, yr oedd yn ddydd, sut
y bydd pan fydd yn sefyll? Ceir cydymaith
i'n bwydo tan oriau'r pys
bob ymyl düwch, a nos
i gynnal y nerth. A neithiwr
        yn ein meddyliau wely
        bu gennym y bore oll
        i ni ein hun, er hela'r
        canrifoedd eu sylwedd o waelod
        ysgyfaint a phoeri llosgfynyddoedd
eu môr-grynfeydd i rolio rhodfa'r lan i ni fan hyn;
        a'r wlad daeogaidd ddifater
fel pe na bai dim yn digwydd.

(ii)

Gwasgwyd ein bod yn awr o anwybod nos.
Dyma'r wawr ewn a addawodd ei burum tes
i'r wefus olaf.
'Gorwelion gofod a gweryla'n gyfaill,'
medd y cufyddau chwareus y dwthwn hwn
o awyr uchel. 'Symudir yn nhrol ei mymryn
bore bach o gyfandir – y wawr sy'n cerfio'r
dydd ar ei hyd – i gyfandir del. Ond teifl gwlith cyflychwyr drwy'r gwagle,
ar draws bygythion nos,
grud sgrechlyd o berfformiad crand
er mwyn inni sugno band pres cras y lluwchfeydd croen.'

Rhan III

anwesu bysedd traed

(i)

Distrych bach o sêr a ymgasglodd
amdanat i buro'r bore.
Er mai mawrhydi oet ti eisoes,
cymerodd beth wmbredd
o amynedd ewyn ac aberth felly
i ymrwygol lanw ac i barablu diolch
am ein harwisgo un Heddiw 'to.
Canys gwnïaist doriad fy ngwawr wrthyt ti dy hun.

Yn eu dannedd hyd y gro y rhodiaist ti.
Uwchben awyr Heddiw, y môr:
uwchben y môr, a'n llygaid clwyfus
fel tyllau cwningod, rhodiaist,
dawnsiaist. Ond uwchlaw pam
mae'r Heddiw unwaith eto
yn faddeuol tost;
er bod y genedl genllif
fel pe na bai dim byth wedi digwydd.

(ii)

Oherwydd, nid heb waed aberth
y bydd i'r tipyn Heddiw ymweled,
ac nid cymryd-yn-ganiataol
yw mêl dy ddychwelyd mwy.
Wrth iti fy ngweld yn fy nhipyn gwlad,
yn anllad hyd at Enlli yn fy mrad,
daethost ataf i ddodi dy fysedd
traed yng nghoncrit dylifau fy mherson.
Ond fel gyda Noa, maddau
yw'r gyfrinach, newid calon;
wrth iti faddau imi fynyddoedd
o drai, fy mwyneiddiaf un,
a 'maich o ddiffyg mawl,
maddeuaf innau oferiad gwaedlyd Heddiw
a datodiad afrad gwlad fy mymryn clod.

Rhan IV

trawsffurfio'r bore

(i)

Anwylyd, ti a ledodd ein bore,
i'n clymu ni'n anwylach ynddo.
Tydi a roes drefn ar ein perthyn
        fel cwlwm Celtaidd tyn.

Nid rhestr pechodau papur
newydd, nid rheolau, nid 'credu
bod' oedd yr annatod fore,
        ond ein perthyn i'r Iôr hwn.

Beth y gellir byth ei ollwng
mewn brawddeg ry hir i'w hyngan?

Beth y gellir byth ei roi
        i'r un ag obsesiwn rhoi?

Ymddangos a wnei di – a finnau –
'n rhy gwta ein tragwyddolfyd
a'n llinellau'n rhynglynu pennau
        sy'n troi'n ddi-droi.

Pa linellau byth a deithiwn
at yr hwnt tu hwnt i hyntoedd?
Pa hael am ben haul 'dywynna
        ar hyd dy freichiau ar led?

Un o'r bodau prin hynny wyt-ti
nad wyf yn credu'u bod nhw
yn cerdded. Diderfyn ddilynaf
        dy fysedd heb gracio'r cod.

(ii)

Wedi i'r nos dy gario dithau
hyd yma i'th glymu'n garcharor,
gweddïi heb swae nac ar chwarae
        y cofir Cymru;
ac o wreichion nos y clymir bore'n
gwlwm Celtaidd amdanom, eto,
na ŵyr 'run dydd ei gychwyn
        na dau mo'i orffen.

Canmlwyddiant Marw Paul Cézanne 2006

fe fyn ambell fynydd
dy ddilyn, dy ddala,
rhed artaith ar ei daith
artist drosot yn felynlas,
ni bydd diwedd na dianc
rhag ei galon ar ôl dy gael
yn y golwg, fe fydd
yn dy feddiannu
i lawr i'r ddôl ei gân
sy'n taranu, ar hyd
cymylau y rhed nes iti'n
landeg dy ffyddlondeb
golli dy geilliau, tydi

mae'n dyheu amdano,
dy aren, dy eiriau,
chwifia'i liw yn dy friwiau,
dilyna dy liniau, dylunia
dy leiniau cefn, gafaela
a gofala am fodfedd
pob meddwl ohonot,
heini y canlyna, dy liw
a'i dilea, ond ymafla,
lluchia dy ffurf i'r
llawr, a pham? am

taw fe yw dy fedd,
gwyra drosot yn garreg
a'i hawl acw ar y sawl sy heb
weld mwy yw curo dy glai
yn wlad, fel cariad
cwyra dy lygaid wedi i'w
olygon mynydd ganfod
trefn y gwynfyd tros dy

fysedd, neu fesur y brws
ar brysg crand dy gorff
yn landal ei ffyddlondeb

cyn gorffwys drosot, gorwedd
o fewn geiriau dy weddi olaf,
ei drumiau yn dy lwnc a'th ysa
wrth i'r rheini dy dreulio di,
dy rolio di'n llinell hyd y llonydd,
mor weddus dros waddod yw hyn
o gofgolofn derfynol i ofod
y dyn a fynydd-luniwyd
a'r mynydd a'i dehonglodd ef.

Y glöwr a'r gegin

Glöwr oedd Wiliam Gegog.
Ond pan ddaeth prydlon dymp,
Gwybu ei geg gynildeb go wrywaidd
Dan bwysau cwymp.

Canys nid mewn pwll y'i cafwyd.
Cwympwyd mewn cegin wen,
A'r gwyndra'n glog o'i ddeutu'n danfa
A thros ei ben.

'Un cusan araf heno,
Blwyddyn o gusan sych
Nes i'r dannedd dyfu drwyddo'n afradlon
A gadael rhych,'

Meddai hi dros ei gorfflosgfa
Ddychymyg. Dyw cusan llon
Yn costi dim-byd. Drutach a dirieitiach
Yw'r rhoddwraig hon.

'Un cusan araf, croendenau;
Deugain milltir o drwnc
Nes i'r affwys weiddi o'r dirgelion, "Chwarae
Teg i'r llwnc".'

Blewog oedd Wiliam. Mewn rygbi
Fe daclai lew heb ffws.
Ond lloriwyd ei ru'n fiawan syfrdan
Â sypyn sws.

Cwymp 'gawd fel llestri'n malu,
Lluwch blawd fel cannaid lla'th.
Ond aelwydwyd ef gan geginaid o aelodau
Yr un fath.

Portread o Miss Byd

Camai o flaen y camra
o dan Dawelfor gwallt.
Pe holid beth fu'r 'rheswm', 'lly, dewisai beidio â dallt.

Crwydrai drwy'i thonnau trwblus
i bipian ar glogwyn a glan
heb fod y gronynnau o ddeall byth yn gwneud eu hannifyr ran.

Ei gwallt, nid oedd dim arall
a drochai'r gwawl i gyd.
Gwynnai'i ogoniant potel frau ddau hanner cylch y byd.

Ei gwallt 'ddiffiniai'i ffiniau,
ei gwallt a halltai'r sawl
a syllai ar ei heigion tan danseilio'i sglefrwyr mawl.

Hyn oedd y cyfan ganddi
yn donnau drud di-draul.
Y Byd i gyd a fynnai beth o'r torheulo dan ei hael.

Fodca, cyfathrach rywiol,
peidio â bod yn dew,
mascara, gitâr a chelf datŵ, ynghyd â'r gormod blew.

Cribai'i llywethau melyn
â hufen hafau mwyth.
Goleuent ei thrai yn sindrins glo i gynhesu meddwl ei llwyth.

O'i hiad hyd at ei gwegil
dros ddaearyddiaeth ddim,
ei chrib a arddai ddistrych can gwylwyr y glannau hyn.

Dichon nad harbwr harddwch,
dichon nad masnach fu
'r chwaraele i wrywbethau rai a ymdeithiai ger ei bwi.

Ond mynnai'r hysbysebion
yrru'i llanw i gyd
yn gylch crwn drwy gylchgronau i godi sgandal gwŷd.

Yno, â'u traed ar ddaear
suddai'r gwrywod oll,
a'u hymenyddau moelion gwib wedi torri'u crib ar goll

rhag dwlu ar ei bodolaeth,
heb wybod ei henw'n iawn
na chyfrif faint o ddagrau cudd a'i boddai bob prynhawn.

Gwyddent hwy'r ateb hylaw,
gwyddai hi'r cwestiwn dwl.
Pan holodd y torrwr-gwallt – 'torri?',
meddai: 'Dwi'n cael ambell bwl.'

Cysylltair

(o A i B, a B i A)

Dwi ddim yn siŵr eto, yn ôl f'arfer, ymhle mae B,
Gall hi fod ymhen dau gilomedr a hanner, efallai dri.
Ond gwn, wedi cyrraedd, y bydd yna wiwerod a Duw,
Neu gudyll a Duw, neu las-y-dorlan a'i gyw
A Duw. Wedyn, yn ôl i dŷ. A dwi'n hoffi derbyn
Fy mod i'n gwybod am A, oblegid, yno, bydd un
(Sy'n tynnu at fyrdd, mewn gwirionedd, pe holet), rhyw
Un a'm hola, 'Sut oedd hi heddiw?' 'Arferol, a whiw!'
'Dirgel gwlei?' 'Ar ryw lun (i hen ddyn) yn syndod o dda.'
Eithr heblaw Duw, yn y diwedd fy nirgel mwyaf gwiw
Fydd y B ddi-dro pryd yr hwyliaf ar donfeddau o 'A!'

Dydd Sul

(Eseciel 37:14)

1

Mi gaed cytundeb gynt fod y blynyddoedd
i fod i ddiarddel harddwch, plicio grym
o swynion merch a'i gadael hi ar gyhoedd
yn adfail. Mwy dwi'n credu fawr o hyn.
Dwi'n cydymdeimlo'n syn â'r pryfyn Amser,
fel fi, a geisiai'i thwyllo hi am awr
ar gefn i lesg ymorffwys. Hi a'i gloywder
a'm trechodd i a'm troedio'n slwts i'r llawr.

2

Cans aeth drwy'r haul tan daflu'i dyddiau ymaith
yn fwynaidd bendant, eto nid fel tanc.
Bwriodd ei fyddin a'u gwneud nhw'n burion ddiwaith
a darllen wrth eu trwyn nhw warth eu tranc.
Yn lle cynilo prinder, casglodd sblander.
Enillodd hi ieuengffawd fel hel cnau
a'u cracio nhw rhwng dannedd ar ddydd Mercher
a'u llyncu nhw i frecwast ar ddydd Iau.

3

Pan syniaf am Sadyrnau byth nas rhodiwn
ac am ymddiddan mwy nas cawn uwch pryd
ac ôl pob gwawr y methir ag olrhain ei phensiwn
na'i hymdrech yn erbyn nos, ni chwyna 'nghryd
am graster esgyrn a wasgarwn ar draws y pridd

– A'r rheswm? – Bu ein rhagluniaeth yn orgaredig
eisoes gan godi bob gwawr ei sawr yn fudd,
a gwyddom fod y blodau wrthi'n aredig
amgenach gyrfa i'n traed 'ddaw'n gwbwl rydd.

4

Holi a stilio fydd ateb du'r awrlestri
undonaidd. Eithr esgyrn cynnen 'ddaw i godi llais.
Bryd hynny, difrifola 'nghelain. Ond mynnant foli
wrth ddirwyn yn dirion droeon lle na cheir trais
dan Suliau addolgar sy'n caniatáu inni sylweddoli
fel y sawl a wêl, drwy adfer, lunieidd-dra'r Llun
yn godi pan fo'n wendid lond ein hadlais,
yn ddiolch i'r hwyrnos cynt am ddydd Mab Dyn.

Marwnad i Offeiriad a Weddïai ar Absenoldeb

Doedd Duw, brolient, ddim wedi darllen y llyfr diweddaraf
o Wasg yr Eglwys. Fan yna roedd E'n eistedd fel trosiad clyd
yn ei dipyn tragwyddoldeb heb ymchwilio'n arbennig i'n hoes
lythrennog ni. Doedd E ddim wedi gwneud y ffws briodol
ynghylch symud safle'r rhagdyb.
Gall'sai fod wedi benthyg y llyfr
gan offeiriad. Goddrych o lyfr i hyfforddi amheuwyr
yn y grefft o anghredu oedd. Llyfr ail law felly
a draethai am absen bod mewn termau trendi.

Dyn o hyd oedd tir brwydr Duw, a'r offeiriad 'lawr yna
oedd biau'r tir gelyn ynddo mewn pennod absennol.
Hiraethai honno am fwa-arch rhieni eraill.
Dyna'i gywilydd cyntaf – absen o offeiriad fu
na fu i'w glust, o'i esgor, orwedd ar fol y ddaear
i ddilyn ei eni ymhellach yn ôl na'r rhieni a fu.
Addolai a holai'r llysnafedd cyntefig am ei darddiad.
Tramwyai dros esgusodion go foel mor bell o fyd
cyndadau ag y gallai, gan ddefnyddio grug i guddio'n gorn-
chwiglen rhag tawedogrwydd ffydd a'i habsen achyddol.

O'i herwydd, 'chadd ef ddim ond rhith o aelwyd.
Collodd ef gartref-bennod yn thema'r llyfr.
Yntau, yn alltud i lysnafedd ei fod, nis bodlonwyd.
Ond annedd nefol nis câi mewn pennod arall –
o Gaerdydd i Fôn i Wrecsam, i Fanafon,
o Eglwys-fach i Aberdaron ac yn ôl i'r Fôn
na phreswyliai neb ynddi mwyach: chwiliai ef,
fel cog mewn cawl, ysai byth am nythfa amgen.
Chwiliai am ffynnon i'r ffynnon i'r drefn a bodolaeth
hunaniaeth. Llais mignedd a aroglai, blas adar a grasai'i ful:
yn y frwydr rhwng iechyd gwlad a gwachul
gladd, tir neb fu'i drigfan orfod. Bu'r dyn hwn
rywle neu'i gilydd â'i ffrwyn o ffydd ar ffo.
Bob man yr âi, arhosai'n fwlch o aderyn dieithr.

Bwlch oedd ei absen, a hwnnw a addolai ef mwy.
Yn alltud i'w rieni, i'w wraig, i'w fab, i'w wlad
yn ôl y traddodiad hybarch o offeiriaid absennol,
darllenodd mewn pennod arall y gallai fod
yr un fath â Sais. A dyna'r holl air a'i hanrhydeddai
â'i ynganiad. Fe'i fflangellwyd er yn llafn ef gan
lafariaid Cymraeg nas ganwyd, gwahanwyd ef
rhag cytseiniaid y ffolai arnynt, rhag acenion
mor heini na allech byth ond canu wrth
ymaflyd yn eu dwylo a'u galar gŵyl. Drwy'r moes
o loes, gyrrwyd ef drwy ddyn, dan ddyn, dros ddyn,
am ddyn, yn ddyn i grwydro Cread pawb
gyda'r angylion adar a bynciai yn nrain ei galon.
Estron iddo'r bennod o eiriau'r Bau a'r Bywyd.
Er iddo wthio i'r bwlch, hiraethai am lwyfandir uwch
lle y perthynai o raid, ymhell o hil allwyddonwyr.

Felly, i Feirion ei hun baglai'i heglau tua'r clo.
Rhaid ei gyfrif ymhlith ei braidd yn filwr del
a anafwyd cyn y rhyfel ac y pwniwyd ei dalcen fel
na châi, rhag dyn am mai Tir Neb fu'i wreiddyn, ffoi.
Cynneddf milwr fu martsio gyda'r meirw ar hynt
y gwynt a rusiai ar flewiach ach y llyfr.
Crwydro ar lythrennau cyfnos fyddai'i nyth.
A thrwy'r difaru noeth y'n difyrrai ni;
ac atalnod hysain rheg a'i hanwesai'n gu.

Dymunai drengi rhag sicrwydd. Hynyna oedd sicrwydd.
Canys sicr fu ei eni, cael rhieni, ei le a'i amser,
sicr oedd y tudalennau gweili a ddarllensai
am hyder dyn, a'r llun ynddo'n afluniaidd a gwag,
sicrwydd oedd yr angen. Fe'i canfyddai'n sicr yn absen
y gwreiddiau cyn-absen a'i clymai wrth fraw cell byw.
Bydd pawb yn profi peth: profodd hwn drwy'r llyfr
nad oedd lle na chaed onid yn oruwch-wedi'r-cyfan-
natur, Un. A gâi hwnnw wrando ei gerdd? I ateb, rhowd
sicrwydd unig o fath i'w feddrod, lle y dôi

yntau hefyd yn un. A'r Un a'i hawntiai yntau,
y bodoli a'r drefn a oedd yno yn gefn i'r gwir.
Dyrys fu ynghynt iddo gamleoli'r tipyn gwlad absennol.

Felly y'i surwyd, druan, gan amseroedd
a amhersonolodd Iôn a'i amhresenoli.
Ar ei ben ei hun, ac eto'r hollfyd ynddo'n alltud,
penderfynai chwilio o'r diwedd wlad a ymadawsai ag ef,
allan o'r tir yma, allan o bob tir arall hefyd,
aethai honno ar gefn ei mul wedi codi cadwyn
o bac, fel un a ddysgasai, yn ansicr, fodoli'n bell.
Adnabu yntau'r golled, yr etifeddiaeth a gawsai Neb:
heb wybod agosrwydd Duw, gwybu arswyd dyn.
Tybed onid plentyn fu a griai lond ei nos,
Fawl tost, cysgod deial haul yn ddim o dan gysgod pren?

Adeilad Pompidou (Paris)

[*anorffen*]

(y fynedfa)
Dwi wedi adnabod dynion fel hyn,
a'u sianelau treulio a'u gwythiennau brigâd dân
i gyd yn hongian allan i sychu, nes fy mod i'n
pydru ddringo hyd-ddynt i fyny ynghynt i mewn
nes cyrraedd y paentiad yn y canol
lle nad oes dim . . . Yno ymleda, dringaf – wele –
i'w gesail i ganfod yn dwt ein gwareiddiad oll.

(perfedd a phaentiad)
Nid cwbl wag, o nesáu, mo'r melyn mawr
oblegid smot: o'r brig ryw bedair modfedd, a rhyw bump
o'r ymyl chwith, yn gyfoglyn unigddu, heb fynd i unman.
Sieryd hwn yn ddiffyg haul heb lais. Machluda'n anwel;
a chyfleus yn lle gwir gael cynifer o fydoedd
tebyg. Oblegid wrth drosglwyddo egwyddor y smotyn
i gynfasau eraill, yn fformiwla ffrwydrad
atom arnom ledled blinfyd, nid rhaid o hyd
yw treulio paent ystyrlon cain rhyw gampwaith coll.

Teg i chwŷd o fyd yw peidio â'i stumogi.

Cainc am Bren

[*emyn o'r braidd*]

(i)

Ni fûm un waith o dan yr ordd
heb ddryllio ohoni falchder pen,
heb wybod bod pob clais i'r clwyf
yn goleuo plwyf 'ddôi'n llonnach llan.

Ymhongar, gor-rwydd fyddai rhoi
diolch am salwch, difrifwch dwys
yn sicir. Ond beth pe bai'n ddarn
o'r cyrch carwrol? Onid mwys?

Amgen nag oedi dan iechyd dof
yw brath y breuo a briwo cnawd.
Rhy glyd i'r glust yw anwybod-fod:
gwybod dolur yw'r rhywir rawd.

(ii)

Pam ceraist gymaint fi?
Am fod fy nghri mor wan
a'm dwylo'n llwm, a llaw'r
Diafol ar fy mhen.

Pam deliaist wrthi'n erch?
Am fod Dy serch mor gryf
wrth dlodion nam, wrth bawb
sy'n nabod curiad claf;

a thydi'n Gyfiawnder glân
sy'n dân i'r glöyn dwl,
paham na phlygwn i
yn is i Un mor dal?

Ti, Dduw'n llawenydd llam
am gorff a fradwn i,
paham edrychi di
mor annwyl ar fy mhla?

Oherwydd ynot Ti
mae ateb i bob pam
a ble a beth, ar lwybr
y cur a eglura'r cam.

(iii)

Nid cryndod Deddf a'm crina
pan ddaw fy maw i ben,
nid yno mae fy niwedd
ond mewn un dechrau gwyn.

Ac er na fedr pryf bledio
'perffaith' i'r gyfraith hen
namyn mewn un addewid
a'n rhwymodd ynddi'n lân,

cipiwyd fi yn ei mynwes.
'Allai lai na derbyn neb
ond Mab-yng-nghyfraith anwes
a'i dâl am ddrwg y glob.

Beth bynnag am gof Satan,
sut bynnag pwys fy mrad,
fe'm barna angof cariad
yr Un sy'n Ddeddf i'm byd.

(iv)

Mae Duw yn dwedyd wrthyf i,
'Ganedig wyt ar Galfari.
Dyma dy Fethlehem.'

Tyrra un Brenin ger fy nghrud,
Clyw gân un Bugail uwch fy myd;
Sudd drain sydd ar Ei drem.

A beth yw'r aur? Pa beth yw'r thus?
A'r myrr? Ei roddion yn fy llys:
Ei fara'n ffres o'r nef.

Maddau sy'n gwaedu gwin yn lli,
Eigion mewn egwp rowd i mi
Yn wledd drwy arlwyo llef.

(v)

Dim ond unwaith efallai, unwaith yn ôl yr angen,
Y cyfarfyddir â'r Drwg ar ben y Mynydd;
Gall fod mewn cadair freichiau. Ond bydd y Drwg yn gynnydd
Eithr y tywod yn rhosyn, ac edifeirwch ar frig y fwydlen.

Swil wyf yng nghors y llawenydd wedyn, fy ffrind, am
Ofn y mwynderau daearol, poen rhag pob smygrwydd pêr
Diferol, fel cyhyrau canhwyllyn yn blonegu gwêr
Yn doddion gofer heb feddu yn y coluddion ar fflam.

Codyma'r Duw a gynilwyd yn ddyn yn erbyn
Fy natur ddihangol bwdr (fy ngwacter yw ei dŷ)
Heb rinwedd gennyf i'm cyfiawnhau. Mynnaf iddo 'nghwympo i
Yn Gariad a groeshoeliwyd er mwyn croesawu mwydyn.

Ni chyrhaeddodd pechodau papur newydd fy Mynydd hyn.
Ond ei waed a'm gwnaeth yn hil. Mi olchodd fy nghorff,
Ei waed i Israel sâl ynof a dagodd lwnc y sarff
Mewn corneli cymedrol a gasasai'r Gwyn crwn.

Eto'r Drwg ar ben y Mynydd – heb ddianc rhag cryndod – o'i herwydd
Pa esgus bynnag a faneraf, fe'i diriaethwyd yn berson mawr.
Bu oedi i'w weld yn arfogaeth. Ar led y gwaedlawr
Heb ddim o'm nerth fy hun – rhof bendraphen glod i gydlawen
    Gadlywydd.

(vi)

Sut gallaf ofni Marw
Wedi gweld bedd mor wag
A gwrando eco'i Fywyd
Yn hyrddio drwyddo-i'n deg?

Gelwi. Adleisiaf iti
Loesau Un droes y dydd
Yn nos waredol felys,
Yn gochwawr ar fy nghledd.

Ei farw fu mor ferw
Sy'n einioes nawr i mi,
A'i atgyfodiad 'fuda
Drwy 'nrwg i'm cario i,

I'm cario ac i'm caru.
Galwaf . . . Sut ofnaf mwy
Wagle sy'n llawn o 'Iesu'
A nen or-lawn o Dduw?

Y Tad Rhadlon

Ling-di-longian fysai'r modd mwyaf bonheddig.
        Doedd neb yn rhedeg
Yn y Dwyrain Canol os oedd yn meddu
Ar fymryn o foesgarwch.

Eithr rhedeg wnest Ti, y Tad, at yr Un
        A gymerodd arno'i hun fochyndra,
Gan ymadael â'r cylchdro: at yr Un
A fu'n gwasgaru, er yn sychedig, Dy holl dda.

A chest Ti'n ôl o'r tolc a'r twlc
        Fab. Amddifad a droes
Yn ôl o'r lloc a'r llaca
Wedi afradu Dy win oll. Tua'th winllan daeth.

Dy holl nef wedyn a arlwyaist
        Ar gyfer Dy hoff fyd;
Ac ar y ford – Dy holl Fab, er mwyn
I ninnau hefyd, o'i gyd-fwyta, fod mewn pryd.

Petros

(i) Math. 16:16

Galwodd ef ar fy llwch
i rodio draw,
â'i groes yn ddi-os gwch
i Betros law.
Petrusais bellter mawr
rhwng dyn a Duw. Yn gawr
ynddo, mi ges fy awr
i roi fy nhroed.

Yr uwchnaturiol Fyw
a ddaeth yn fod.
(Cerddwr dros derfysg yw.)
Chwenychodd ddod
i geisio cosb a sen,
fe geisiodd wawd ar bren.
Rhodiodd heb gwymp i'r pen
ataf ar waed.

(ii) Luc 22: 31-34, 54-62

Dwedaist Ti y byddwn i'n ei wneud,
y byth-dros-fy-nghrogi beth. 'Rarswyd!
Byth! Roedd y fath osio mor amhosibl
i'th ffyddlonaf groesan nes imi wthio'r
fath ffwlbri i gornel fewnol y sandalau
pan sathrwn ynddynt. Ac wedyn, O! Dad
fe'i gwnes: peidio â'th goelio. Y brad yn yr iard!
Y gwad dihangol a'm difaodd i â cheg!
er mwyn tes a thlysni, y wraig a'r pysgod a'r plant.

Paid â gadael imi synied amdanat ti
'n *ddyn* yn unig, Ti 'Nghrëwr Absoliwt,
yr un y mae'r bydysawd yn cyd-oedi ynddo,
'fu ar groes oherwydd yr hyn a wneuthum i
yn loes. Annheilwng dychmygu ynganu 'ngwad
nad oes cread yn cydlynu ynot, Chwarel greigiau;
ond Tydi, y Graig a'i gwythïen, a ymestynnodd fwydo
pob gwaedd am gymorth atat yn d'ymostwng-nerth.

A phaid â gadael imi ddod i ryw gasgliad chwaith
mai'r Absoliwt 'yn unig' sydd drosto-i'n graith
a thithau'n ddyn-Dduw ac arno ac ynddo chwys
a ffrydia o'th galon, yn gyflawn ddihiryn, aeliau,
clustiau, trwyn, trem, a'r fwynaf o wefusau,
cymer fi'n fradwr ffyddlon cyson cas, y llun
a baentiwyd â gwaed fy nghwymp. Ow! yn fy maw
fe'm cariaist i'r lan i'm hadlunio fel nas medr ond Un.

Dameg y Wiwer a'r Fedwen Arian

Ni pherthynent i'w gilydd.
Unigrwydd oedd eu pleser
ill dwy. Bob un ar wahân
ni ddigwyddai dim byd,
megis matsien a blwch lle y cysgai
papur swnt
i'w daro, neu'n waeth, wryw a benyw
neu fam a'i phlentyn
yn gwbl ddiystyr i'w gilydd ac yn gyd-ddigynnau.

Gyda'r gyntaf, hon, pe na bai'r
ffugwisg gynffon acw
wrth din y llygoden Ffrengig,
petruster ffiaidd
fysai'r tair llath rhyngom braidd.
Ond anwyldeb arswydus bân
'geid dan gysgod bedwen arian:
arth swci ddigon nerfus bur
fysai caru'r crwydryn hwn yn lân ar lawr.

Gyda'r ail, hi oedd yr
unig goeden fyddai'n harddach beth
byth wedi colli'i harddwch.
Gwelid ei chorff yn lloerwen denau
wedi dihatryd ei dillad. Bellach,
bysedd gaeaf 'gafodd
betruso'n fonheddig led y rhisglen wen,
ond yn ddigon rhyw ddisylw o lachar
i gredu hiraeth y llall drwy'r awyr a ddinoethwyd.

Ac eto, nid noethni annibynnol
fel hyn oedd cartref gaeaf
i'r ddwy hyn, A! yn erbyn machlud hallt
ein heth, sy'n hael o hyll, yn oer o boer,

daliai llun a lliw y ddwy anghenus hyn ar wahân
i lythu 'mhen, hyd at fy nghlust
effro, cyn i'r naill dawlu at y llall
                lawnder dwylo petrus a chwerthin
a âi heddiw'n ddrych o ddychryn mewn awyr.

Oblegid hudo'r naid! Ysgafn a thwym!
                ansawdd llyfiad awel!
                fflam at grât y goeden!
rhinwedd pelydryn! Roedd y fechan goch
am yrru a chuddio'i aur, hedfan i gramen –
fel Gwilym Brewys liw cynffon
drwy'r oerfel – i gongl ddirgel oer
rhwng ei cheinciau, caban yr heth a oleuai'r trai.
A chariwyd rhwng y naill a llam y llall gwmni
canu grwndi, digon o dynerwch i'w cadw ill dros aeaf . . .

Na: breuddwyd wiwerog oedd hyn, math
                o erthyl ddameg. Ffei!
damhega yn yr oes goeg hon!
                Y gwir gwâr oedd
nad oedd ym mryd gwiwer hoffter
priodol at fodau tenau. Er gwaethaf ei harddwch
clasurol, fel Cesar ymwrthodai'r wiwer
ag ymddiried ei chorff i'r fain fynwes anymarferol.
Bodlonai ar gwtsh bras llai hudol:
golwg newynog 'welid ar henllys hon. Rhy heintus yw newyn.

Wardrob

Hongiaf y cyrff yn y cwpwrdd dillad,
gosodaf hwy'n unig yn y cysgodion. Pam?
Lun yn ymyl llun, neilltuaf hwy ennyd,
heb anadl, heb syflyd, yn yr oriau llwm.

Oni fyn yr arch fod mor hybarch afraid?
Cynhwysydd gwag am gynwysyddion gwag:
ffodd y dillad rhag y chwerthin, a chollwyd
hen storïau nwyd rhwng eu llwnc a'u ceg

ar gau – fel nyth, fel pentref, fel gwaled,
fel gwely bychan i'r plant gael sbel.
Pam caewyd eu gwefusau rhag oes o siarad?
Pam caewyd eu hwynebau'n erbyn y wal?

Coedwig fud yw lle y cuddia udo
distawrwydd, wedi colli'r blaidd. O hyd
y crwydra'r osteg: ar lawr ysgythra.
Dysg i ôl pawennau ar y ddaear lid.

Beti'n Galw

(yn niwedd ein saithdegau)

Drwy ganghennau, a mwy byth o ganghennau,
liw llwch cyflychwyr, y mae'r
geiriau'n galw. Estyn a wnânt
am berthynas, a thynnant, mynnant ymateb.

Dyrys yw'r cyswllt cydrhwng
dau angof: ymddatod yn dwlu
ar ymddatod. Mae'n habsenoldebau
wedi codi'u dwylo i groesawu'i gilydd . . .

ynteu i ffarwelio. Mae'r gorffennol a'i barabl yn estyn
bysedd hirion atom, i gyffwrdd, ond
yn methu â chyrraedd . . . Trannoeth
yn tocio rhuddin yw'r betingalw.

Rŷm ni, 'ddaw o hyd i dameitiach
o'r llyneddau a ddodwyd o'r neilltu
yn ein pocedi, yn galw, yn cyd-alw gwirioniaid.
Eu llygaid i ni sy'n chwilota goroesi.

Rhyfedd wedi plymio i lawr i lawr
drwy affwysau dy wefusau
i'm geiriau cynt fod 'lan yn y cymylau
mewn balŵn nerfus

nas cyrhaeddwn mwy, yn syml er mwyn
llifoleuo cof – (Oleuni fy angof
na ledi'r un cysgod!) – fod un
serch yn fwy braidd nag un ac un.

Felly daethom gyda'n gilydd i oedran
betingalw lle'r ŷm wrthi'n cronni, yn ein
hanghofrwydd cytûn, eigionau o'n cusanau.
Yn y fan hon nid oes un gair

yn ddigonol i glustfeinio ar un gair
arall. Un rhyfeddod yw pob dim,
a henoed drwy ddrysgoed a'i cenfydd.
Pe bawn i'n gwisgo sbectol

byddwn i'n nabod y ffigur yna sy'n nesu
drwy ganghennau hwyrnos (nac anghofia fy angof).
Ond mewn canghennau mae pob ffigur ddienw'n
efrydd, yn enwedig hon ger fy mron

ar ddiwedd dydd, yn siŵr gyda'n gilydd
drwy ddrysfrig diddymdra inni hecian
i deyrnas breuddwyd, a dirnad
(eiliad golau) ing-olud betingalw.

Portread o Ffeminydd Amheus

'Yn enw pob clwtyn-llestri, paid â bod
yn fwy gostyngedig, neu diflenni'n syn.
Gwelaist ti falchder byd, a sgythraist ti
rhagot dy hun. Paid â gweini mwy fel hyn.
Mae d'ofal a'th fod di o'm hamddiffyn i
bob eiliad yn gwneud fy nghroen yn gryn. Ble'r af
â'm haelodau? Byth, i unman, ni allaf ddilyn
heb fracsan drwy gymwynasau: ail ŷnt i ôd
a anadlodd dan odre drws, neu ewyn gwyn
ar weflau mwg drwy'r simnai'n picio i'r tŷ.
A'r hyn a ddylai fod yn aer tu allan sy'n
awr tu fewn. Yn fwriadol ddiwybod, myn
sleifio dan f'amrannau, drwy 'nghlustiau, estyn –
tan friglwyd tynrwyd gwastadeddau 'nghalon.
Gad felly imi fod yn ben, yn ben i waered,'
meddwn yn anarferol braidd o fwydyn,
'yn gorun sy'n tynnu ei gap o flaen dy goron.

Oherwydd ofni'r Oen, yn Llew tyneraf,
Efô a ddyrchafo'n darostyngiad ni
i fod yn ddarostyngiad iddo yntau.
Efô a'n helpo i esgyn at Ei gôl
yn frawd a chwaer sy'n un â'u Pater nefol,
yn belltergarwyr alltud 'ddaeth yn eu hôl.
Felly Dduw gostyngedig, (Ti'r nef a ddaeth i lawr
at yr hunan hwn a'r anhunan a'i gofal a'i becs)
Annealladwy'r oesoedd, boed inni durio'r Tirion,
Ein Bychan stans, tyf inni'n undod stecs.'

Tra bûm i'n 'ddweud, buost tithau wrthi'n 'wneud
er bod f'absen gweithred heb beri dim
pregowthan. Yfwn dy waed, myfi a'r teulu, bob doe
a heddiw. Llowciwn dy anadl, yfory, o'th noe.

Canys ddylet ti ddim fy ngharu i mor llwyr,
mor ymarferol tan adael, ar bob llaw
a braich, dy feddwl lond pob bwrdd, bob hwyr.
Buddsoddaist sug dy wreiddiau'n ddiwahân
yn fy mhridd. Troist ti dy ffydd yn weithred drwy'r
dydd: doedd gen i ddim oll i'w gynnig achlân
yn fy rhagrith wryw a'm dwylo heb ddim baw
ond geiriau cols rhyw ludw cwsg o gytgan.

Serenadu Dant y Llew

(i)

Sengl yw (drwy drugaredd) ar fy lawnt.
blodyn o flodau yw hwn, a phob
fel-petai betal tlawd yn flodyn. Ond er mor dlawd yw,
y wenynen a'i hanrhydedda, yr uchelwraig heuldeg
a'i fiolin melyn, hon sy'n ei hela. Cyn ei gyrraedd
hi a seinia'r larwm. A gardd gyngerdd sy'n diwel o'u deuawd.

Ef yw'r haul bach, hi yw sain si ei belydrau.
Ymblethant yn llethol. Ba ladi gyffelyb
i'r llances gapan mêl a chwaraea mor gaeth
aflafar yng ngenau'r llew? Ble arall
y caiff dant gynifer o wefusau? Onid
cymysgu nadu a neidio, palu a phledu a wnânt hwy?

Y wenynen a'i bwa a hala'i halaw
tuag ato. Corwynt o haul fydd hwn iddi, melyn
dan felyn yn sleifio i fiolin
aflonydd lon ar y fath lwyfan coelcerthol
o olwyn Cathryn. Am iddi balu
i boethi tôn serenâd ynddo, a'i anwylo â'i chyhyrau bwystfilaidd,
fe'i gwrteithia hi ef â theithiol fiwsig tant ei llaw.

(ii)

Hon a ddaw ato ym mlodau melodïedd.
Rhai gerddi a wneir nas ceir onid ar gyfer
cwympo ynddynt. Ond rhai y dodwyir melynwy
yn drymglod ynddynt wrth nadu sêr
ar brynhawn jocôs; ac fel yna y daw honyma ato.
A gwena gwenynen yno ar ei mis mêl.

Rhai o'i serenadau a ddeorir lle na ddisgwylir
dim ond braster ymysg dibristod,
ar ffurf ambell ddiwyd weithiwr
ymhlith achles y ddaear lwgr. Ond ger llaw
noethlymun hon, enfyn ef yn ôl ati alawon llawen y slymiau.
Oni ddaw'i utgyrn pres ati maes o law
yn ddim llai na hadau o nodau nwyd â gwynias drymeiriog?

Try hon o fewn hwn felly'n gyd-offer ffrwythlon i ddawns.
Had o'r proletariad 'roir yn eu hôl gan hwn,
tanllwyth coesdenau oddi ar lu o drympedi fflam.
Cloddio mae'i hesgidiau felly yn ei laca,
ac yng ngwaedd ddigeiniog band pres
y dirmygedig gerddor. Yntau, ar lawr
                                        ar erwydd y tir;
dyn cyffredin o blith cyd-faledwyr yw,
na sylwa fawr neb, ond hon, ar recsyn ei afalfreuant
sy'n ffugio ffortiwn ar lawr tan danseilio cyllideb gwlad.
Felly y bu yntau, nes y dôi hon er ei les i'w ddilysu.
A buddsoddodd ef ynddi fiwsig aur-helaeth ei haul.

Felly y bo hi mewn sgert yng ngorfoledd prynhawn nes ei newid ef
yn gonsierto o ardd a ddiainc yn ddehau
rhag siarter blodyn gwerinol. Cyneuir cynghanedd cymdeithas
ym mhobman yn frwdias pan ddaw'r rheini o'r diwedd ynghyd.
Mil-fwynhau eu mis mêl yw eu rhan.

(iii)

Sgwatiwr yw'r dant a eistedda i blastro'i utgyrn
yn anghytgord hyd ein hin yn ei racs anfrenhinol.
Sleifia ef at drothwy'n tŷ, llunio llanastr
o'n teimladau, yr harddaf o'r gwerinwyr
a hyrddia'u poblogrwydd balchder garpiau'n – beth?

Yn ddim llai na mân grynodeb
haul ar goes dal, a annibenna'n
nobl bob trempyn arall
â'i drympedi, bob parchusyn â neithdar
ei nodau.
Eithr tywysoges des 'ddaw yno
ar ei ôl, nes i'r mwg hosanna a ddymuna
ffoi drwy'r simneiau oherwydd hon
a'i dilyna ef drwy gydio yng nghwt yr heulwen bwt
ar faster tyner ond lletffer y llawr.

(iv)

Tyner yw'r uniad dan y tonau
ingenaid. Hon a grea o'r ogynghanedd
a'i hucheIderau synhwyrau un pigiad
tanias o gynghanedd. O gyfundrefn
i gyfundrefn amgen yr â, drwy adwy
argyhoeddiad, wrth i'w chwarddiad
ganu'n daer ar hediad cynddeiriog.
Ac yn sgil y gerdd hudolus a del,
yn dorf, try pleth
dros-dro petalau yn had hydwyth hir. Ac ar
esgyn mae bryd yr esgyll mwyach. Try'n gynllun,
a chwardd tan draed fiolin hedegog,
tan fygwth ymuno â llu o wybrennau fry.

(v)

Mae hi'n garedig wrtho, y dywysoges hon:
gwasgara'r tonau dros ei garpiau trempyn clai.
Ni ddirmyga hi mo'i gyffredinedd tost.
Pan ddaw'i lifrai melyn fflachiog hi iddo'n siwt briodas,
mi gyneua, dechreua'i chwyn ef drympedu peth
heb wahardd fwlgariaeth ei liw; ond myn hi
roi rhythm i hwn, a threfn, a chynaeafir o'r herwydd

eu chwyth
gan chwa a ymestynna dan esgyrn cul
mewn rhu bach braw a bura'r bore
prin. Rhu bach gan ddant yw, a dry
drwy arswyd aur fwng â'i ddolur
crynedig, yn rhu a rydd hafal i rew,
ie, argoelion rhew hyd yn oed ar fis mêl.

Gŵyr ef yn burion bellach beth i'w wneud ar lawnt.
Mae yna gynlluniau go heulog ym mhob man. Gŵyr
y gwyro sy'n hanfod mewn derbyn.
Yn y derbyn rhyngddynt y ceir pob miwsig. 'Moes,'
sibryda'r wenynen yn ei glust
eiriau eira.
A'i orchwyl mewn byw,
o ffurf i ffurf, yw amlhau syfrdandod.
Aur eirias yw'r gân adnewyddol a waria'n
gall. Er mor feddal yw'r mecanwaith deallol
sy'n peri'i ddistadledd tlws, o drefn
i drefn ailenir ef yn elwig aleliwia
ar glôb lle ceir amryw wyrthiau mewn un.

(vi)

Yno, bu'r uno yn ormod.
Mae'r ymdrech bellach yn drech.
Chwelir y cwbl wrth blethu'n gyfan
ac ymddetyd yr ardd o'u harddwch.
A hau trasiedi dân 'wna'r adenydd mor denau.
Yn y cyd-godymu caeth,
rhoddwr rhydd fydd hwn mwyach na fyn
roi un heb golli haid – o nodau
arpegio rhaeadr pelydrau. I'r gaeaf
cyflwyna gynhaeaf ei serchiadau, a chwtoga'i hafod
yn ôd. Yn fwg syfrdan y cyfyd tân dant yn y man yn y fan.
A melir ef yn englynion gan eu mis mêl.

Yma, machluda'r ardd mwy yn ei gwmwl-
siriws yn y sillau tawel gwyn
sy'n esgyn ar osgo esgyrn. Esgora 'nawr
ar wên y bochau'n glôb
gwlân o bast dannedd, gyda'i lamp
olaf tua'r un gwely priodas, yn ei farf nerfus
fry, wedi tynnu'r holl dannau o'i geg.
Heb chwythu plwc ni hed yr un alaw newydd.

a disgyn ei sŵn yn rŵn sindrins.
Gorfoleddu a wna'r bardd iddi fod
a dod heno, a darfod, a chodi
farw drwy gyffyrddiad haf,
gan ei fod yntau drwyddi bellach yn cael cyd-hedfan.

Drwy wenynen yr ymysbryda dant y llew yn chwant yr aer:
hed hi yno'n gerdd ysgafn lesg i rannu'i hesgyll.

Ac yno wedi'r darfod,
rhyfedda, fflawntia lond lawnt â chrosiedau consierto
yn nodau blodau ffrwd tant llewes yn nant y llew,
gan ateb ei arch wen drwy rwygo llen oddi ar haf a ddaw.

[*Nodyn: Mae pob un o'r petalau tybiedig gan ddant y llew yn flodyn.*]

Portread o Un o'r Gweddill

Roedd gŵr Pen-sarn a'r Farn yn parchu'i gilydd.
Pan rodiai'i ffigur unig 'lan i'r wawr
I fedi'r rhew a gasglasai'i flew ar awel
Drwy gydol nos, deallai'r Farn yn iawn –

Fod 'na tu ôl i'w ben a'i bwn o lafur
Rosydd o grymu iddi. Ni thyfasai'n llawn
Heb gyflwyno i'w Phen orfoledd ei amser oerfel
Yn dragwyddoldeb. Lle y tarddasai untro mewn

Eiliedyn tlawd, tywalltai'r gŵr y pwmpio
Edifeirwch bras a gurai dan dabwrdd bron
I'r prinder pridd. Palasai yno'i fuchedd ansad;
A mwy nag amser a offrymai beunydd i'r Pen:

Cyflwynai goluddion. Cyflwynai'n wylaidd ddiwedd
pob balchder ymladd tywydd, pob crwstyn crin.
Cyflwynai gryndod daear o dan ei sodlau,
A thir Pen-sarn yn sarn dros ben y dyn.

Fe'i dodai'i hun. Cysegrai'r maldod ifanc,
A fuasai farw'n ifanc fel pob rhyw chwyth;
Yna estyn ei ruddiau pridd a'i ddwylo pruddach
I'r mesur nas caed ond ar Farn. Hyhi yn rhith

A'i hanwylai ef â'i charegrwydd. Lledai'i mynwes
Denau fel y medrai beunydd dros ei fwrdd
Ei feithrin fwydo â grym llym llwyd yr erwau;
A diwedd glân fu'n troi pob cam o'r ffordd

Yn ddiffeithiad di-gam, 'gyweirid gan waedd o weddi.
Fe gadd ef wared ag ef ei hunan. Ond
Mwy byth na hynny, ar allor y terfyn, heb hyder
Ynddo'i hunan byth, yn lle'r cwbl, tywalltwyd Ffrind.

A phan welai'r Farn Gyffredin, deallai yntau
Garthffosydd, lle na cheid – byth mwy – ddim dŵr,
Lle nad oedd tai'n cyfathrebu â'r un tŷ arall,
Pawb wedi storio tuniau, rhag y Diwedd blêr

A orchuddiai fydysawd. Drwy arwydd tlawd y gwyddai
Fod bwrn yn goleuo swrn. Yn oerni'r sarn,
Lle bu'r boblogaeth yn practisio apocalups ei gilydd
Ceid gŵr nad wylai ond diolch ar bentir Barn.

Un o Fendithion Anghofrwydd

(a haniaethu)

Weithiau, caredigrwydd
yw Anghofrwydd. Yn dosturiol
fe chwarela mewn gwlad
– allan o'r Graig – falm
i'n calonnau gwag.

A dyrchefir Absenoldeb
tan adeiladu adwy
rhwng heddiw a'r hyn
a fu'n ffugio doe
yn fyd: diflanna hwnnw
oddi ar glawr mawr glôb.

Daw'n felysterau
i'n cylchu, a gorwedd
o gylch ffolinebau'n pen.
Mae'r Absenoldeb yn gwybod
ein hangen amdano.

Amddiffyniad yw,
fe'i bwriedir i fod
yn annwyl i ni
ar brynhawnau hir,
yn bur ar foreau byr.

Yn lle'r sylweddoli
croyw beth oedd gwlad,
y mae'r gorffennol
a'i fyddinoedd heb
ymosod ond yn ddistaw.

Ac fe fawrygir newyn
ar fwrdd gwag, y peidio
â chanfod (nac adnabod
y peidio, hyd yn oed),
arlwy anwybod clên.

Felly y cofleidir peidio.
Un ffordd o yfed
dŵr yn y fath
ranbarth yw ymatal,
a glynu wrth gesail
diffeithdir am gysur

lle yr eistedda Anghofrwydd
gan fethu ag wylo'i
ddagrau rhy unig
i grynu, rhy dwym
i oedi ar foch nad
yw'n foch mwyach.

Yfer. Eto, cofier am y
pentwr o bethma sydd megis
dwsin neu ddau o bethau
cas nas crewyd. A dathler
y gwagle cariadus a
wna o ambell alltudiaeth
ar waun lom artaith gartref.

y ferch a'r afon

caniad I

teimlad

1

mae bysedd y rhoces drist yn ymostwng
(i ymuno â'r symud) mewn golau sicir nad oes dim yn bwysicach,
yr hyn a fyn yw llusgo'r haul, a fu
yn nhes synhwyrau, i'r llif heddiw heb feddwl gormod am y gwastraff
gwyn, heb feddwl dim, er mwyn
ei dynnu a'i deimlo'n freuddwydion claf yn haf noethlymun yr afon,

llusga hi'r haul lwrw'r dŵr megis
y bydd gwenoliaid yn sgwennu algebra ar y gwynt diniwed
heb ddatrys yn gyntaf ddeddfau
uchel gymylau'r gwacter, llusga'i synhwyrau yn frith i'w holl olau
ar fochau'r llif hysterig
heb sylwi bod yna wlad dan bob dŵr
sy'n ei harneisio nawr dan ei harddwrn bregus a briw,

2

hi ydyw prynhawn yr afon, heb wneud dim byd,
ar ei bol, a'r baw mân ar ei hwyneb,
mae corff y groten yn lleibio pum synnwyr drwy'i hewinedd yn nreflan
y cerrynt er y syflyd diflan,
er mwyn iddi hi fod yn rhan o'r dŵr, heb wybod eto fôr, ac i hyrddio'i
chyneddfau o fewn y myned mwyn,

llama'i llygaid 'lan fel pysgod o'r dyfrio, llygaid y ffrydio
a ddyrchafa hi ar redfa
yn gytser sy y tu draw i gymylau'i

llaw dew, cilio yw a fyn gadw'r wawr yn eiliad iddi bob awr, canys
chwilio 'wna'i chlust dan ffrwd
y mawn i rwydo sgwd aeddfed ei myned mawr,

3

ond annigon yw ofer fyfyrdod blas
y torlannau wrth i'r llyfu eu tanseilio, a gofer
yw'r tro brysiog yn yr afon lle
mae dynion wedi adeiladu – â thafodau gwlatgar eu syniadau
ac â choncrit – wrthglawdd er mwyn
swilio rottweiler-tanseiliol-dŵr ar fwstwr briwsionog cornel,

ond dianc a wna haul ei gwanc hi
rhag yr ymgais hon i reoli troadau afon,
gwell ganddi, fel pysgodyn lloer-ei-wisg yw swmpan
cantref gwaelod cudd ei llif, a rafia yn ei nerfau, awydd
sydd nad yw bysedd y rhoces
flysiog am y tro ar y tro yn gallu cau amdano er enfysau'i ffansi,

4

oherwydd, gyda'r golau acw yn yr afon,
yr afon a sychedasai amdani, yr afon y'i toddwyd eisoes beth ynddi,
yr afon a rafia'n un drosti i'w chlwyfo
er gwaethaf ewyn y pum synnwyr, fforffedwyd rhai o'i chyneddfau, er
mwyn swyno hen Frenin y dwfn;
ond uwchben – gwenoliaid sy'n cyllell-a-fforchio dros ei hylif,
cyn eu traflyncu yn nrych yr heli anhysbys,
tan ofer dreulio'u cysgodion gwawn,

ac felly y caiff ei synhwyrau eu dyrchafu bron,
mae'r pump yn chwyrlïo tu ôl i'r tro fel plu, ymlaen am lun
tuag ystafelloedd-gwely cwrel
o gragen-wen yn feddrod-lân, i mewn, lle y cripia penllanw'r trai'n

ffrwydrad o wydr enfysog dros ewinedd,
yno heb stŵr bydd heulwen, sy'n diffodd rhwng ffenestri'r heli,
mor wlyb, mor glwstwr o glau,
a'i phrynhawn a'i hysai'n wlad frau,
er ofered yw'r synhwyrau prin i ddigoni ympryd yr afon,

caniad II

meddwl

1

ceir gormod o fyfyr mewn afon,
mae angen i'r blynyddoedd ifainc
dderbyn yr amlwg wir hwn, heb hynny, nad rhoi harddwch yw plymio
â'i gwaywffon lygad gyda glas y dorlan hyd-ddo, nad iâr fach
yr hesg yn rowndio'i buarth o hyd
i blannu gwreiddiau'i thafod, nad hwyaid yn hedeg yn hwyliog wrth fesur
eu tiriogaeth wlyb heb ymyrraeth gan gyffredinoli'r neb y daw ei thrwyn
pŵl i wasgaru yn ffraeth yw, o hyd, hud afon,

ond ti fy merch â'th fyfyr uchelserch,
yw einioes hyd afon sy'n gariadus
gyfarwydd â'r tir a'r môr yng ngwisg amser, ond gwylia'r môr pell,
a'r wrach bellach,
y wrach fawr honno sy'n dringo'n ôl at ei ffynnon
yn dy athrawiaeth eisoes, y wrach
yn erbyn dy lif 'fynnai gario bant glai, marl, cerrig, gwaed, lle mae
cysgodion
yr helyg yn eu curiad hwyrnosol yn
gysgod ar gefn yr afon ryfedd, yn dod i gwrdd â thi cyn gorffen taith
lle y daw hi â'i bywyd oll i'th hiraeth heli,
hi a fyn esbonio gofod yr afon,

2

Hyhi sy'n dysgu iti gamre yr afon, yr hyd,
a'r hyn a roi, y fechan, â'th gysgod hud
i'r afon (fel y ffrydia'r fath
afon ynot ti), yw dy golli dy hunan
ynddi, colli os na byddi'n ofalus, er mai doeth
o'th ran yw iti ymagor, a chynnig dy ymennydd,
cusanau yw pob cyffwrdd gan feddwl
'lawr ar ei bola meddal lan afon rheidol,
y forwyn hon a glyw ei marwnad
ei hun wrth i'w llygaid sglentio'r
dŵr â'u gwyndra trefn, y forforwyn hon
na wyddost wlad allforiol mewn afon,
a gân unigrwydd y gwendid sy'n nofio i'r trai
na ddeelli mono nawr byth drwy syniadau,
mae gormod o fesur yn hon, dyna'r lle'r â
yn afon sy'n patrymu bywyd yn grychiadau
i'w meddiannu ar draws nod y blynyddoedd noeth,

ond swyddogaeth aber yw darpar ei chroeso pwyll
i'r dyfnder, nid i'r ednod ar nawf,
ac o dan synhwyrau hwyrol,
nid cyffyrddiad llaw noeth
yn rhwbio'r maint lleiaf ar yr wyneb
gan ddatrys y darfod tryloyw,
ac nid eira'r ymennydd moel chwaith
sy'n oedi rhag treiglo i lawr mewn erydiad
i'r wlad fas a rydir gan flynyddoedd,
yn rhybudd nad teimlad yw'r afon,
ond mai rhan drefnog o'th fuchedd yw'r dŵr,
er mor annigonol yw haearnwaith y benglog,

caniad III

deall

1

cydia yma, er hynny, yn d'ystyr, forwyn,
dysg felly afael yn ewyn yr hylif hwn
a estynna at ferch flaenau'i ewinedd, mwynha ymyrryd â'i groen,
bid siŵr, cyffyrdda, eithr cofia'r hen
gynllwyn arall, y gwancia'r galon o hyd am barhad eisiau'r asiad hwn,
fel y ceir asiad heddiw ag Un sy lond y dŵr,

paratoa gael dy garu, dysg daro'r rhedfa
am mai'r plygu yw'r cydiwr, a lle i guddio pob dafn o batrwm ynddi
fel deilen olaf mewn coedwig, yw afon,
cuddle dafnau cenedl yw dŵr, dan wyneb dyfroedd lle y diflanna
y gwybod swm sy'n fath o symud i gyd,
a'r ti anfeidrol sy biau hwy mewn pryd,

2

a phenderfyna'n ferch mai'r ddolen rhwng dafn a dafn dŵr,
yma yr asia'i bysedd eu cof cyfun, ac mai
y perthyn hwn yw'r ysu rhwng synhwyrau a'r swyn mewn synnwyr
a ŵyr igam-ogam arwyddocâd i'w dwfn,

nid yw'r hylif felly heb gael ei gyfeillgarwch,
gafaela'r lodes wen yn y golau'n
dynn a deil, mi ddeil y dŵr rhwng ei dannedd i lefaru'n goeth ofalus
am gilio i sibrwd gwylaidd Dad y cerrynt,

er mor fân yw byw, hen hen ddigon
yw'i dripyn tropyn i wrth-ddweud gorthrwm
diddim y balch – mewn ewyllys perthyn, os gwahanu fu twrf darfod,
perthyn hefyd yw adfyd amgyffred bywyd dŵr,

3

yn y naid i'r dŵr y ceir mwydradau mân
tân gwyllt sy'n ffrwydradau mewn nerfau
drwy roi'r cwbl ohoni i ddadansoddi
yn rhannau-o'i-gilydd
gyfan,
a rhannu'r diflannu yn fwyn
rhwng y cytser i gyd,

llusgir hwy yn y dim sydd yn afon, rhwbir
hwy yn y dim-ond-afon hon sy ar ôl,
rholir dau ddarn o ddur a doddir
yn adlais-i'w-gilydd gadarn
yn ddwy awel gyfarfodus, drwy ffydd
unwaed ystyr ym môn y cyswllt i gyd,

4

a'r ferch? heddiw, iddi hi y bu'n
hylif, bu'n heulog, bu'n heli, bu'n dangnefedd, ond a gofia hi
(heb ddweud)
pan ddaw'r tonni enfawr i ben?
diau y cofia, y cyfyd hosanna,
cyffyrdda'r dŵr â mwy ohoni na chroen,

myn blygu â'u horiau i'r afon a'u dyd o dan dorlan
canys diwinyddiaeth môr yw caru llinell mam
sy'n eglurach drwy gydnabod anneall,
a'r dasg?
iddi hi yw tynnu eli o'r heli yno'n gorws i ddirnad cynteddau hiraros –
sy'n ogoneddus agos i dân heddiw ar ddi-hun,

a'r wrach? myn honno ddod ati i ddeall daioni'r afon
a'i chael, llefara'r llif a gydiasai yn ei bysedd aeddfed,
myn furmur ym mreichiau'i diwedd, o dan

ei chesail yn ei balchder, myn sibrwd trysor
gan y wlad dani, bellach ynddi a'i thynnu,
a'i hwpo'n ddyfnach, nes daw'r olloll yn fôr
o haniaethau a'u hatyniadau nwydus,
yn gadwyn i ddŵr,

a gofia'r synhwyrau synhwyrus? ynteu'r synhwyrol wedi'r dyfnhau doeth?
yn llai llygredig wrth nofio mor heulog
iddo
caiff wala a gweddill Cantre'r Gwaelod,
a gwely o'r diwedd, ac ennill gorsedd yn ei synhwyrfryd merch ifanc
a'i syniadaeth oer-dardd,
a'i Chymar o fardd mewn swper a gwely sy'n ei meddiannu'n feddylgar
mewn tragwyddoldeb wedi'r dydd-gwaith o blethwaith afon
mewn ewynnog fuddugoliaeth o drai wrth i'w theimlad a'i meddwl
gaffael pryd;
a bara ymennydd a bura'i mynwes.

Drudwys

(nid cywydd llatai)

Edrycha, fy nghyd-hedegog,
ar y storm o sibrwd sy'n morgrugo'r
wybren ac yn rhoi cweir i'r afluniaidd, dail o ganghennau'r
cyflychwyr, metropolis ohonynt, esgyn i glwydo yw'r esgus, ond
y gwir gymhelliad yw'r miri, maen nhw'n meithrin ffurfiau ar draws
y gofod tan ffugio cytse rau, crafwr-wybren o ddawns ŷnt
a'i chlai'n cael ei wasgu'n amryw,
chwythant yn fewnol, yn gewri sy'n gwobrwyo'r
nen o gylch i stribed-o-gylch â thonnau,
rhai'n fynyddoedd yn bythol ddowcio, powdwr yn
cael ei chwythu yw'r lleill yn llygaid yr hwyr,

mwg o ffroenau brigau sbri
mewn cawodydd syber
syfrdan
sy'n hiraethu am gael eu rhoi
yn y gwely. Ond mynd i glwydo yw'r
ddadl, a'u gwir ysgogiad yw bod yn fôr manwl, yn llanwllieiniauofunudau
er mwyn taflu'u blynyddoedd ledled tywydd syn
sy'n heigiau eples a wibia dan donnau'r awyr. Try'u tad-cu,
a thry llu i ddathlu hyn cyn cael eu rhoi
dan y pir i gadw ar gyfer cyngerdd hwyrol i ddiddanu mecryll. Mae hi'n
bedwar siglo chwifio chwyddo croch tocynnau os gwelwch chi'n dda

o'r gloch, a'r pir felly'n cychwyn galw, galw. (Dododd dyn olau dano i ddychryn
carthion i ffwrdd, ac wele hwy'n ddisgyn i drawsffurfio'r llewyrch sy'n ddychryn
fel pob goleuni ond
yn fagned o gynhesrwydd nosweithiol. Pwy
yw'r arweinydd? Y drydedd) ar y dde?
ynte'r drydedd ar y chwith? Cadwant olwg ar eu gwed dillion am mai
llwch democrataidd ydynt o dan fagnel mydrau
a'u nod yw clwydo, chwyrlïo glwydo sbri ac ymgom
glwydo a gwresogi'i-gilydd-glwydo
yn holl hwrdd eu harddach-na'r-hedd-haul glwydo
maen nhw'n taflu cymhlethdod huddygl o ran sbort at ei gilydd

maen
nhw'n eu taflu'u hunain. Dere f'anwylyd, fy nghyd-hedegog, onid yw'n
esiampl i ni gofio, pe bai eisiau, y paratoad dawns hwn y tro nesaf yr ŷm ni am
ymgom glwydo mewndawns a ddysg i'r awyr
ac i'n breuddwydion cytûn gyda'i gilydd
y gall cymylau'r hwyr) hefyd (fod yn lluniaidd

Cwrdd Diolchgarwch

Mewn cwr o'r ardd, yn bell o ffwdan rhaw a phâl
ceir oedi gan goeden unig sy'n tynnu o'r pridd farilaid
o areuledd. Er arafed, nid hollol ddiffrwyth mo'i sêl.

Does neb wedi dod yn unswydd, nid hyd yn oed
y ffyn a ddeil y ffa, yn sicr nid y borfa, na'r berfa,
ac nid y ffigur unig a digyffro uwchben y pridd.

Distaw. Ni symuda'r goeden i gynnig ei hoffrwm distadl
o ddiolchgarwch astud. Dan lwythi o dangnefedd y mae'i
chynhaeaf yn plygu'n drwm, lle y ciliodd hi'n ôl i'w gasglu.

Ond pan ddyfrir o ddifri, dengys y feudwyes hon i'r nen
beth y medrir ei dynnu, gan bwyll oddi isod, o'n daear,
beth a sipir, hyd yn oed mewn defnydd ymostyngar

drwy deilo dros hyd yn oed y pryfetach â llen dal
o'i llonydd. Pan gaiff hi ddiben fry, dengys beth y sugna'i
bwtsias drwy'i gwythiennau 'lan, nes y caffo'r dyn . . .

'fo ar ganol ei rofio . . . stopio . . . Drwy egwyl wedi cyfeirio
cipdrem awgrymus tua'r moron dan y llawr, bwria gip
twt at flodau cynnil y tato, sylwa, chwap, ar yr erfin

difrwdfrydedd fel pe na baent yn bod, a'r wynwns
yn od o amharod i ymlusgo o'r pridd. Yna'n glip
tua gruddiau gwyrddion gwydn a'u haroglau cedyrn,

rhydd yntau hosanna fewnol ddi-sŵn. Cawsai olwg
drwy ffrwyth ar ffrwd friglas y goeden. Bodau cynnil yw coed;
a'r dyn a fyn symud, nid hi, yn gydweithiwr ati,

a sugna serenedd yn wledd gydweddus o ympryd
heb si'r gwybed. Rhyw fath o ymddal yw ef cyn penlinio,
tan gogio twrian ymhlith y ffrwythau syrthiedig

a phlygu pen ger waliau'i hymatal. Dani, gerfydd
yr hongian cnwd gweddi, estynna hwn ei fysedd ati.
Llofia'r syndod melyn a choch a gwyrdd crwn amdani

fel y caiff yn ei ymennydd lluddedig hedd-floeddio,
'Da, 'morwyn ffein i. Y wledd ddifalch sy i fod:
y daran yna o sibrwd, O! ac uchod yr holl afalau utgyrn

mawldawel. Dyna'r sawl, ie allan o sylweddoli'r iselfryd,
sy 'lan drwy nodau'i gwyll yn canu'r grasusau a gas-hi.'
Ac ymostwng yw'r union saib a sipia. Taena hi'i deilios

yn dawelychau o ddeutu'i waith. Di-stŵr yn nŵr y tir
y cryma'i saib sobor sy'n llenwi'i gorff â'i gnydio, oherwydd
isod y daeth ef ati ac o hyd i'r blynyddoedd craith a fraenwyd

yn osteg nas tesgir dros neb ond adeg dwys gyfarfod . . .
'Felly ffynnaist i'th Uwcharddwr drwy wreiddio 'mechan wylaidd.
Boed pob asgwrn frigyn gennyt, drosom oll, yn wrtaith.'

Stablan drwy'r Dail

Fe gicia'r melynau, cicia'r du,
milain gicia'r bachgen eu gwib.
Sorri 'wna'r rheina dan ei draed,
pwda eu browniau brwd.
Malurir eu chwerthin gwinau chwith
wrth iddo ef bwyo'r glob
heb sylwi, pystyla'r crwt firi'r côr
yn farwor byddar a mud.

A chicia dafodau a fyn glebran beth
am dymhorau fry. Buont 'bant
yn canu fel adar nen. Yn awr
tywalltwyd eu carpiau coed
gweddol Dachweddol: tywalltwyd yn llaid
eu machludoedd. Damsangodd hwn baent
eu celfyddyd araf, lle yr hyrddiwyd
dano'u harddwch rhacs at draed.

Mi sylla hen gono drwy'i ffenest saff
ar y gwaedlin. Dealla ef hin.
Fe wylia'r llanc. Gwêl ddannedd y dail
am ei frathu wrth brancio drwy'r aur:
rhega'r henwr lach eu mynas llwyd
rhag dychryn yr hogyn. Llefa'r hen
a gwinga gan bob cic . . . Myn hwnnw gil-droi
rhag eu cas, i goledd ei ŵyr.

Portread o Ffrind

Ai tydi Herr Doktor Alzheimer,
a ddyfeisiodd hyn o wyliau
crach mewn pwll o grechwen, ynteu Beelsebwl
yn bersonol mewn cornel, – sef cludo'r ymennydd
a edmygwn ar gerbyd melfed urddasol a glasier-araf
drwy'r dyffryn glân

tuag at weiren y gwersyll
ac yno'i dynnu'n denau
ar wahân i'w ddaear a stablan arno a'i fflangellu
a'i luchio'n fricsen, chwistrellu gwenwyn
i'r llygaid a garwn, ysgarthu ar ymennydd, gosod cysylltau
trydan wrth bigyn ei drwyn?

Ai tydi a yrrodd uffernau drwy'i hysteria
dihunaniaeth heb ffarwelio, ac arllwys
yr ymennydd o'i ymennydd ffrind ar lechen
wag ar agor, Herr Doktor,
gyda'r gwyntoedd cwmni yn llyncu'i groen
â'u cryndod melyn,

heb fymryn o oleuni i'w goleddu,
a'r ymennydd tyner yn gwaedu – heb waed?
Ai tydi a'i rhoes at ei gilydd felly'n jôc
frwnt yn y baw a gilwenai
ar warcheidwaid nes eu bod nhw'n hwylio boenydio
hyd at ddagrau

eu boliau digrif wrth ganfod
y gwmnïaeth bêr a barchwn yn fiswail,
dan fawd y tameitiach cnawd; ar draws
y nenfwd, manion ymennydd, y rhubanau
llwyd yn hongian drwy graciau, yn gartŵn
o fyfyrdod siwrwd?

Ymarfer â marw yw torri
cyswllt rhwng deuddyn,
yn hafn ddi-bont mewn ymennydd;
llong-ofod wedi llwyddo i'w chychwyn
heb fedru'i thynnu'n ôl byth
at aelwyd-hanes ei byd a'i atgofion annwyl.

Do, ti 'chwydodd y caredig hwn, tydi –
ynteu ai fi fy hun – a'i cyfogodd
o'i Eden i dwll y pwll cyn-ymennydd?
Ai am fy meiau i wedi'r cwbl? Ai fy mhellhau-
goruwch-Duw rhag pob glendid a'i gwnaeth
wedi'r cyfan yn ddiorffennol hunan?

Canys pawb 'a'n syniad ni oll' am Ddyn
fu'n ei hoelio'n smala sgrechfeydd
di-smic a di-ymennydd ynom. Ac onid hynny
a roes ddedfryd oes iddo mwyach, a'i gondemnio
i roi ei ben yn bêr ar blocyn byw
a pheri llunio yma Bortread o Wal?

Ac erfynia cylla'r wal, yng ngolau llachar
düwch wrth i'r ddolen rhwng gair a gair ymddatod
chwap, ac i bob person droi'n amherson,
ac i'r ffarwél ag ystyr ddweud hyló: 'bydd gyda mi,
Dad Arwyddocâd, Oleuni Pen-twnnel, wrth imi
golli crap, a mynd yn grap.'

Tameitiach

(i) *Cariad Picassoaidd Syr John*

(ar ôl ei gyngor ynghylch geiriau gwrthodedig mewn celfyddyd fodern)

Heb 'drwyn', heb 'geg',
heb 'foch' o rudd,
edrychaist arni John
mor brudd.

(ii) *Trosiad*

Newidir y nwyd:
tröedigaeth yw troad;
ailenir y gair.

(iii) *Mwydyn*

Ymlafnio â *vers* gwlyb
a ddirwyn i dwll cyn hir: (tafla'r abwydyn)
mwydyn ym medd sych odl.
(Ffr. *vers* = mwydyn)

(iv) *Ychwanegu*

Pwy bynnag a ddysg
y Gymraeg a gynydda o galon gaeth
optimistiaeth bod.

(v) *Y galon garreg*

. . . Oblegid fy mod yn dal
yn garreg a ollyngwyd dros
ymyl ffynnon ddofn

ryw hanner can mlynedd yn ôl,
oddi ar ddaear gras, mae Ef
ar waelod y rhiw, yn ddisgwyl

ddisgwyl; disgwyl, disgwyl y mae
imi gyrraedd, â'm talcen, y dŵr . . .

(vi) *Serch*
Sarhad ar Gariad
yw serch – golwyth o galon;
carthffos waedlyd wag yw
gyda'r modd i'w foddi yn ei hafon.

(vii) *Cytundeb Cariadon*
Cyfrifwn yn y parlwr, fel pe baem
yn glafoerio uwchben aur
funudau a gollasom drwy gwsg.

Clwyfedig gan funudau,
ti, fi, môr.
Ond dim ond môr sy'n darfod.

(viii) *Amgueddfa Goffa'r Holocawst*
Washington D.C.
Wedi Auschwitz, *beth sy*?
Dim llai na pharc thema. Un arhosfa
ar wibdaith, gwaith i gamra.

Cewch gasglu'ch tocyn gefeillio,
a dyma chi'r un oed, yr un rhyw:
am awr cewch yr hwyl o fod yr un gelain.

Cywasgwyd uffern i drillawr
a chrynhoir llygredd dyn – rhag
ofn am eiliad na *chofir* am dynnu llun.

Amhosibl! meddai blynyddoedd taid.
Angof! Byth, ni raid, mynte'r tad tyner.
Ond 'beth sy?' cwynai'r mab.

(ix) *Sŵn Milltir Arall*

Sŵn llygaid henwr
yn gweld bedwen o'r newydd: sŵn
plentyn yn tyfu.

Y pethau hyn a geraist Ti,
y pethau cain a chynnar hyn,
creadur mân a phren sy'n wyn
dan darth darfodol uwch y llyn
a geraist Ti, a garaf i,
fe'u rhifaf bellach oll yn gryn
gaffaeliad i hen deithiwr cyn . . .

(x) *Ŵyr a'r Amgylchfyd*

'Ddim fi 'wnaeth e, mami,'
meddai'r pumlwydd oddi tan stôl
pan gafwyd daeargryn yn dadleoli
y Llyfrgell Genedlaethol i'r môr.
Ond ef 'wnaethai, neu rywun yn bodoli
ynddo, ac fe'i gwyddai ef . . . A fi.

(xi) Brwynen

Dyn yn glynu mewn brwynen
Wrth foddi.
Un diddordeb ymhlith llawer?

Y Ddeilen Ôl-fodern

Ow'r ddeilen hon. Beth 'ddyry dyn
          iddi? Ei fwg a'i law asid.
A hithau'n ôl? Ei anadl.

Y ddeilen a ddwla ar elyn,
          bendithia byth a'i melltithia,
cysgoda drwyn y pryfyn.

Y ddeilen hon a yf ei hemlog
          ac yna, gwrthyd ddychwelyd
dialedd i'w herlidwyr.

Y ddeilen hon: amrant cofleidwraig
          allbwff ceir yw, wrth wincio'i
hwyneb tua'r Haul ei hun.

Y ddeilen hon, oni sieryd uniaith
          ei chloroffyl wanwyn
yn erbyn pres fforchiaith pob gwynt?

Cans y ddeilen hael a eiddila'n helaeth
          i wneud ei gwaith mwyn. Nid
â sawr sur y carpeda hi'r llawr.

Cofio Dechrau'r Iaith

[***O'r Bedd i'r Crud***: *'un atgof am yr achlysur tyngedfennol cyntaf oedd sylwi, hyd yn oed cyn imi ddechrau siarad y Gymraeg, fy mod wedi breuddwydio am y tro cyntaf yn yr iaith. Sioc, bron, oedd cael bod bellach yn Gymro anymwybodol.'*]

Liw cwsg sibrydaist. Bysai
dod liw dydd yn ormod.

Dy arddel di, cyffesu dy wyrth,
dy warth a wnes. I'r stryd
o'r wlad y troediaist ataf
yno â'th synhwyrau'n syrthio
fel machlud lafa ond nid mud
hyd sain d'aelodau serth, bu
bwa'r haul dan raeadr ffres.

Yn swil ymysg nosweithiau
dest yn dywyll-grynedig, yn
seren-fenthyciol i fwganu
'mro, wele'r to yn siglo.

Ymwelaist â mi liw nos
ddi-liw ei hanwybodaeth
huawdl. Ciciaist yn erbyn priciau'r
awr unig ddiynni honno
pryd yr hoffai hen ddihenydd
gyffwrdd â gwagle ystryw,
a'r dylluan regi'r planedau
yn flin ar flaenau'i thraed.

Ac fe'm siaredaist fel dydd
yn gwybod dy gudd glebran:
cipiaist fi'n ôl i'n gwâl yn ddwy

seren ar ben to. Hopiaist
ataf â'th gyflychwyr drwy ddrws
y cefn. Heulach dy flows, y gochen,
fel pe bai'r lleuad yn synnu
mynnu fy ngharío i ymaith
a'm cuddio yno ynddi.
Ti'r ddiadnabod dlos!
Y fath glecs fu gennym!

Un wen oeddet ti, liw cwsg.
Dy siercyn gwyn a ddaeth
drwy'r egwyl wyll i swil
breswylio yn ein lle dirgel.
Dy freuddwyd wawr-heini
a'm dihunodd; o'th fru di,
lluchio hil. Pwy haerai ar
ei liniau fod y fath barddu
am guddio'r fath fagïen?

Ond felly y'th gofiaf yn gwthio
ryw ddydd cymodlon y pryd 'ny,
arnaf dy leuad ddeigryn,
honno a drugarhaodd
– rhwng sêr anniolchgar chwilgar, –
wrth noson ddiolchgar o grwt.

Coeden Nas Cadwyd

Galwad galed yw tocio
pum can mlynedd dan ffwng
o eglwys gadeiriol gwiwerod
er mwyn dyrchafu ychydig
o dai annedd dros dro
yn eu hanharddwch cartrefol
didostur. Gwn Bwy a adeiladasai
y llan hon gynt. Gwn bwy hefyd
a'i hwyliog ddadaddolasai.

'Ond trengi 'ddechreusai'r coed,'
haerai'r torrwr taer, 'ta beth'.

Felly y buon nhw, (elyn),
ers cantoedd, wrthi'n trigo,
fel ti a mi. Nid pawb
sy'n ymadael mor gain, oblegid cain
fu'r canrifoedd cynnar.

'Diffyg tyfu oedd *forte* hon.
Dôi'r adar heb fod eu calon
na'u meddwl yn y gainc.
Canent gelwydd am y wawr
pryd na ddeuai; a phwdr, pan
nad oedd gwacter, oedd eu rhuddin.'

Beth bynnag, gadawer iddi orwedd
ychydig rhagor. Gwir nad oes esgus.
Ond gadawed i'r burwen bara
yn llunieidd-dra litanïau ennyd:
gadawer iddi rad alarnadu,
mewn osgo esgyrn can.
Gad ei gwasanaeth coffa
lle y cawsid gweddïau, blith

draphlith ym meddau ednod.
Yn y tir hynod hwn, gadawed
hi'n llawn dig – gan ofnused
fydd ei phyncio yma am dymor
yn dila ac yn isel i'r llu dail.

Paid â symud hyd yn oed
boncyff ei chelain. Gad
iddi gadw'i swydd fel na all
ond cofio gadw mewn bod
gofgolofn ysbryd, sianel anadl,
a'i gwir bywyd i'r gwlithennod.

(Ti, Adda, mae gen ti ddyled
i'r dioddefwyr gwirion hyn.
Bu un goeden unwaith yn arwydd
o'r ocsigen cysegredig anghyffwrdd
ac o'r cyswllt pwyso dwysgo' gynt i ti.)

Plyg felly fa'ma foment
o flaen gwynt ei chanrifoedd
cadw . . .
Eto, styfnigi; ni phlygi
y tro hwn chwaith o flaen
doethineb sy'n bereiddiach dro
na'n diffyg canrifoedd nerfus . . .
a'n methiant anorfod i berthyn
i'r gwir ymledu ar ran y swae uwch daear.
'Dyna 'ngherdd,' ebe'r torrwr, 'ac amgenach
fu mydr y torri twt na'r madredd mud.'

Cân Serch i Lygaid Hen

Mae Aderyn Du Cilgwri (gyda Llyffant Cors Fochno, Eryr Gwernabwy, Eog Llyn Llyw a'r lleill) yn un o'r anifeiliaid hynaf. Ond teimla'n anweddus o ifanc wrth syllu i lygaid ei gariad.

I

'Crawc,' crygai weiren bigog
y du wrth lygaid brown,
y du hynafol gyddfol
a lerciai ar berclwyd ewn.

A threiddiai'r grawc fud drwyddynt
tan ffrwydro ynddynt borth.
Methwyd erioed â chynhenna
mewn llygaid hydref berth,

ledled eu huodledd lludded,
hydred amgueddfa fawn
lle bwrient eu dedfryd llafur
caled drwy'r blodau llawn,

caled, ond newydd-briodi'n
frown eu tanchwa. Poetsh
yw sglefrio'n gryglais dros gylch-iâ
mor chwim â'r sêr 'gylch caets

nad yw'n bryd ei agor eto:
'Crawc wyf 'fyn ddiolch yn ots
'run cryndod â thant y llyffant,
'run chwant â'r eog a'i gwtsh.

'Marchogaf ar frown drwy Gilgwri
yng ngherbyd edrych ofn,
â'm taflegrau'n dangnefedd drosti
i'w llynnoedd retinau llyfn:

'Cusan cynoesol yw'r llygaid
a gasgla 'mlynyddoedd clec
imi'n grawclyd wylo gwên-deg
wrth droelli ar lawr iâ'u cloc.'

II

'Beth 'suddais yng Nghors Cilgwri?'
Crawc ddwn mewn golygon brown
wedi dwyn gwybod cardotyn
ond eu sgrepan eto'n llawn.

'Beth 'erys i gylchu dros loriau
yr haul mewn daear, – a'u golt
yn campio 'gylch miri moroedd
tan ddibynnau syn eu gweld? . . .'

Hen eiriau gan falch Fwyalchen
Cilgwri ar berclwyd trem
yn drydar drwy'r canrifoedd trydan
ger eu coets gig frigyn-frown,

yn yr iaith brydferthaf 'gafwyd
tan ifancu'i chrawc yn gân . . .
'Ow! llefara fi â'th lygaid,
yngana fi forwyn fân.'

Hebddi

Fel tonfeddau gan deledu,
hydred ffôn neu radio, rhed
led yr wybren hon o'm deutu,
clywaf, (gwelaf rawron) ddod

gwres. A gwn beth yw. D'amldra
trem sy'n dilyn, fwgan del.
Tyrd i'm trigfan, a meddianna
seiniau a llun f'unigedd wal.

Llygaid, clustiau ag adenydd
distaw'n ffusto ben pob awr
yn fy simnai, ar f'ymennydd
drwy'r gwacterau mwyaf dewr.

Absen a ddyfeisiwyd megis
dychryn bas i enaid byw –
môr i ddisychedu enfys,
gwagle i led hyfforddi clyw.

A disgynna'n law go gymysg
rhwng fy ngyddfau, lond eu bollt
o daranau, luwchfeydd cenllysg
gydag ambell bluen fellt.

Tywydd hebot ti, nis cefais:
hinsawdd mwy, does dim i'w gael,
na'r un argoel. Fy mhereiddlais
(heb don unman yn gydymgais)
fydd, os doi, 'n dswnami haul.

Rhieingerdd yr Eira Prin

[*Mewn Canolfan Ymchwil yn America, profwyd yn ystadegol fod cyffwrdd a chofleidio'n gilydd yn llesol i'r iechyd*]

Nid gwyrdröedig yw ffoli
ar y gwyndra hwn sy'n frawd
i sbwriel y ddaear. Cyffyrddaf yn ffrwd
o ffri â pheth. Fe'i derbyniaf yn flawd
i'm ceg, a'i lowcio yn feddyglyn.
Plannaf fysedd barus ar sbwriel ei sêr
mor gryf, mor wan â'm gewyn
wedi gaeaf angen-ymarfer, yn ein tir,

er mwyn gwireddu ystadegau,
er mwyn sicrhau bod llofio'n
llwyddo led y llawr, fod cledrau fy nwylo'n
anrhydeddu'n gu'u rhan o'r can drwy'r cae.
Trwynaf ei hwb i'm hiechyd, i'm brasáu
â'i wrthfiotig teg. A heddiw ymwelaf
â'i spa mor gignoeth, mynnaf
fwyta am ennyd gytser o'i fitaminau.

Sut y gallwn gymysgu ystadegaeth
â chroen mor geindeg, fy nghroen
ar groen fy ffrind? Ymchwiliwn ar laeth
meddygol, a hynny dan rifyddiaeth
diffyg maeth yr unfed ganrif ar hugain.
Mor fuddiol i feddwl â phoen
yw rhafio dan fysedd mor gyfrifus!
Sut gall eira yno orwedd mor anghroesawus?

Wel, heno, ar lwy fe'i ces yn gwac brau,
gyda mymryn o siwgr rhag i'w flas
fod yn rhy gryf. Nid ffisig cas yw,
ond gwynias ystadegyn dan fy modiau.

Yn landeg rif, bûm ar grwydr â'm swm afradlon –
wedi profi'r economi, wedi condemnio'r iaith i dwlc,
wedi hel troseddau'r wlad lon, – â'm hystadegaeth –
tua chartref cyfanswm iachusol gaeaf-berthyn.

Ac yn yr ysbyty hwn o fyd, â'm bysedd cyfrifwn
ei lawdriniaeth bêr-fathemateg, drithro'r
dydd, ar ôl pob pryd. Fedrai cledr mo'i esgeuluso.
Eto, er cofleidio'i gudynnau mor ystadegol braf
ag y medrwn, – ffei ymchwil! – mor farus
lond fy nringo oedd fy nwylo'n graff ar graffiau tŵr
nes iddo ateb â diagnosis anwerthfawrogus
oerddwr.

Portread o Ŵr Swil

Ac eto, dim ond dyn sy'n mynd â'i unigedd
am dro. Mynachdy difrif yw, lle daw
hogiau drwg y gymdogaeth i ddringo'i waliau
er mwyn dwyn 'falau, ond wedi cyrraedd crib
y croen ni welant hwy tu mewn ond llun,
un llun tra unig, ynghrwm uwch canol lawnt
mewn clog a chofl lwyd heb fentro codi'i
gorun drwy fyfyr fôr a'i fythol blygion.

Tu ôl i'r magwyrydd croen, arogldartha'i fudandod.
Gall treiswyr bywyd ffrwydro o fewn dwy lathen
iddo: rhyngddo a phawb ceir seintwar. Beunydd
y'i cyfarchaf: ni wêl mohono fi. Ni chyfyd
lygaid. Ys gwn i a wisga ar hyd milltiroedd myfyr
gyffes am nerfau na hoffent feiddio i'r siom
o fyd? Pan fentra i'r fei, myn gario'i furiau
a throedio llwybr Plas Crug fel chwarter bwgan.

Ond rywsut, dim ond mynachdy sy'n mynd am dro.
Eto, weithiau daw un ast wenfechan i'w arwain
wrth dennyn heibio i lygredd pob cyfathreb.
A thrwy'r un hon caiff gynnau anghyfaddas
miri, tywallta ei bydysawd iddo. Eto pan ddaw
yn ei hôl ag ef o'i hynt, myn hogiau o hyd
daflu'r cerrig ymyrraeth – ond yn llai ewn –
yn erbyn tragwyddoldeb neb ei wal.

Cyflafareddiad yn yr Harbwr

(i)

Mae afonydd fel arfer yn delio â phroblemau fel hyn yn well.
Prin y byddan nhw'n holi ei gilydd pwy biau pa beth.
Maen nhw'n gwybod yn burion ble maen nhw'n mynd. Ac yna'n dawel,
Maen nhw'n ei wneud, yn feddal, yn gyfartal yn fawr neu'n fân:
Dwy afon heb gyfaddawdu na byth newid fformiwla dŵr,
Yn asio yn ei gilydd. Bydd pawb ar eu hennill – o ychydig.

(ii)

A dau hwlc yn yr harbwr yn hoffi bod gyda'i gilydd,
Dau â'r hwyliau'n dra hwylus ymhlyg ger llawnder y cei:
Dichon fod yr harbwr-feistr yn ei le wrth achwyn
Bod ar y mwyaf o rwd yn erydu'u rheiliau, ac mai
Hoffter o hin sy ar fai fod drws y cabin
Yn pallu cau. Petrusa Meilord y Tywydd
Rhag ymweld â phreifatrwydd distaw y ddau; ond dau
Sy'n plethu'u hystyllod yn bendramwnwgl unplyg –
Yn un hwlc cytûn yn yr harbwr yn ddigon clau
Wrth suddo'n betrus
                    dan gyd-batrwm
                                        diod-offrwm byd hwyrdrwm y bae.
Edrychwn ein dau ar yr hylciau. Oni welsom rywle
Rywbeth tebyg? Yn yr oes gyfaddawdol hon, pa rin yw'n gwahaniaeth?

(iii)

A pha glebran? Pa rugledd rhwng dau dyst y distyll? Beth yw
Mawr bwnc eu cyfarfyddiad ger hyn o bont
Megis Ystwyth fechan a Rheidol fwy wedi'u lleddf-uno
Drwy dric diwydiannol dilwyddiant mewn mymryn o blot?

Aeth y cynllun yn chwithig. A chwithig (ym mryd eraill) ŷm ni
Wedi dod at ein gilydd tan feddwl y byddai un ac un
Yn llunio rhyw ddau go sylweddol, ac eto'n un bach yr un pryd.
Dyna o hyd ŷm ynghyd . . . Gallai rhywrai ddrwgdybio ein llun.

(iv)

Dwy afon am ddyfnhau'u datrysiad er mwyn darparu
Cyfleustra i'w defnyddwyr: dau gwch cyffredin ac yn clyd
Gydymddatod mewn cyd-atodiad, nes dod yn debyg i Fyd
Newydd mewn henfyd a gâr uno'r rhannau i gyd.
Tebyg ddigon fu llithrad llathraidd tynged ein tarddiad ninnau
Gyda'r naill yn arwach beth, a hon y llall wedi dod
Yn bellach, meddan nhw; mae gynnon ni o leiaf amrywiad
Dadfeiliad cyd-aruthr o'n stŵr, yn llepian ymddatod y dŵr.
Er mai cyfyng yw'r aber, yr hyn a wna'r ffrydiad ar ffo
Ynghyd, meddai'r sinig, yw cyd-gludo erydiad eu bod,
Wrth gwympo gymysgu un dafn ag un dafn yma 'nghlo.

(v)

Byddi di a fi'n ymweld yn rhy fynych y dyddiau hyn
Â'r aber i weld isod y llysywod yn llusgo'u braw
I'w twll. Ein hoffter yw bwrw trem rhy aml
Ar yr hylciau eraill na wyddan nhw am hwylio mwy,
Heblaw sbio'n syfrdan ger y castell a than y tipyn dŵr ar
Y crancod. Tyrd. Codwn ein golwg yr awron ar yr hogiau a'r genod draw
Yn sglefrio ar fyrddau rhwng rhialtwch o erchylltod ton
Drosom. Mae'r seithfed don yn peri sbri llaith ambell waith,
Nes i'r tywod ddarparu'r orffwysfa i siwrnai'r môr ger y ddwy afon.
Ac yno, i'w hamddiffyn rhag traeth darfodiad, yn dywodlyd benderfynol
Mae yna blantos ar liniau benthyg (gennym ni) yn creu cestyll gwell.
Na wener, f'anwylyd, buom ninnau'n crafu cestyll ers tro.

Portread o Hen Gono

Mae'r carwr addfwyn wedi cyrraedd yr oed
pryd y mae dyn yn casáu ei sgerbwd,
a phryd y mae'r esgyrn yn bur anesmwyth
am y dyn. 'Chlyw ef mo sgrechian neb ond ei glun
ei hun: mae croen ei glustiau'n o ifanc, ond
y twll yn y canol yn hynafol . . . Eto, does 'na ddim esgus.

Carwr hen! Caru pwy? Plentyn edifeirwch yw.
Bydd ei drwyn bob awr yn gwneud ei orau
glas i beri i'w ffroenau ymddangos yn ddynol,
a'i ragrith bob dydd yn methu â'i argyhoeddi
am yr un gwirionedd heblaw ei fod
heno yn breuddwydio am gael cysgu.

'Gweld' yw edifeirwch i bob gwybodusyn,
ac y mae ef ar ras bob wythnos i 'weld'
does dim digon o amser ganddo
i golli'i anadl oni 'wêl'. Gwas yw gweld . . . (Rŷm ni
i gyd yn gamsyniadau, a hynny
sy'n ein gwneud ni yn normal . . .)

Gynt, – ac mae yna fwyafrif o gynt –
bod a gwneud oedd ef. Ond bellach
bod y mae'n ei wneud. Cybydda'n ddyfal
wneud. Ar gwrcwd mewn cornel cyfrifa'i lygaid
pŵl yr eiliadau'n rhegi'r gelc, ar ddwy law.
Dwy! Go brin. Gormodedd fuasai brolio am un.

. . . Drwy brudd-der ei gweld, hi 'ddaeth ato, ac 'allai-fe ddim
dychmygu maddeuant mor llawen â'i heiddo
hi. Dim ond huno siarad hyd dragwyddoldeb heno
gyda'i gilydd am orfoledd byw. Gwir edifarhau
oedd gweld Un a ddôi ar draws eu ffordd ill dau –
i wirioni. Dyna hwnnw a'i wialen arian

ar eu cefnau fel chwip addfwyn, a hwythau'n ubain 'dysgasom'. Ond celwydd a ddywedent efallai, am nad oedd yr un ohonynt wedi gweld digon o bersawredd y geiriau a gaed wrth gasglu gwyddfid, – cwmwl, nant beth-yw'r-pwynt?, hen deiars, pobl – ond y cwbl lot ymhlith yr hyn na ellid gweld ei fwy.

Ar Noson Fwyndes

Yr hwyrnos a ni,
tri myfyrdod sy am gael cwrdd
heb siarad, ond yn dirnad ein gilydd yn iawn,
hithau yn troi ei chefn, ninnau'n dau'n llawn
chwilfrydedd, ond yn fodlon arni'n hardd.

Nyni a'r hwyrnos,
dynwaredwn ffrindiau mawr.
Buom yn crechwen ym mhen du moroedd hir,
buom yn cydwrando ar glec celwyddau clir
er mwyn cael chwinclin o'r diddymdra dewr.

Ond hardd yw'i pheidio
ag ymgom. Hyll pob sain.
Beth gythgam yw'r ots, ond i ni'n tri gwrdd a chael
cyd-feddwl? Ni sgrifennir eto mo'i hael
ymweliad pan ddaw yma i anghofio'i phoen,

a phryd y gwerthfawrogwn
ei hymatal, a'i modd
o syllu yn ein trem, a'r dull dryll-sydyn y daw
i waered fel cath i lyfu cefn ofnog ein llaw
a chyrlio'n llwyd yn ein côl, a smalio hedd.

Y Cwbl

A'r cwbl y mae'n ei ofyn –
yr un dim arall –
yn y funud ffiaidd hon –
yw pwyso – iti roi dy dipyn pwysau
arno Ef –
wedi'r holl gamgymeriadau –
y bustachan weithio –
y methu maith difesur, yr addysg a'r talentau,
yr eistedd i gysuro cleifion –
. . . pwyso
bob owns
fel diferyn o law syml
ar flew amrannau – fel baban ym mreichiau
mam – fel gwên ar rudd cariadferch
– fel atgof yn lled gwrdd â'r ymennydd
– fel pob meddwl yn rhoi'i dipyn pwysau
arno Ef –
a thithau erbyn y funud olaf hon
yn methu â gwneud dim oll beth bynnag
ond Ei garu ef. Hyn yw i ti
dy bwyso, syllu a syllu a syllu
yn Ei wyneb teg ef, ie, adnabod a phwyso
am mai Ef yw Ef, pwy arall? A'r funud fer
a adwaenom oll, y funud odidog hon yw'r
union funud
nad yw Ef yn gwneud dim oll i ti ond rhoi'i
freichiau'n dynn amdanat, er mwyn ymwared
â'r cwbl er mwyn cael y cwbl, ti Ei blentyn
mewn angen –

A.G.

mae Ef yma mewn pryd, Efô neb arall
wrth gwrs – dyna a wnâi, oni wnâi? –
mae yma'n cynnal – yn cyfan gwbl ddal
dy bwysau bychan di – bob eiliad ddiddiwedd –
ti – Ei hyfrydwch od ef.

[Sgrifennwyd Hyd. 19, '07. Bu farw'r Parch. Derek Swann ar Hyd. 31. Ffrind ysgol oedd. Clywais, ar ôl llunio'r gerdd, iddo ddweud wrth gyfaill cyn marw: 'wrth edrych yn ôl ar fy mywyd a'm gwaith, dwi'n gweld dedfryd, "gallai fod wedi'i wneud yn well". Ond yng ngoleuni hynny, dwi'n fy mwrw fy hun ar yr Un a arwyddodd ynglŷn â'i waith yntau GORFFENNWYD, y gwaith perffaith.']